1+X职业技能等级证书（个税计算）配套教材

个税计算实务（中级）

浙江衡信教育科技有限公司　组　编

主　编　粟卫红　李　宁　谢　默

副主编　刘天和　秦庆峰　赵雪梅　刘翠屏

参　编　冯萃萃　陈晓倩　王雅楠　袁金萍

　　　　雷　彬　高宝荣　程馨瑶　化丽娟

U0331504

机 械 工 业 出 版 社

本书为1+X职业技能等级证书（个税计算）配套系列教材之一，以《个税计算职业技能等级标准（中级）》为依据，以企业典型个税申报业务为起点，集众多财税专业职业教育一线教师及行业企业专家的理论教学成果和实践工作经验于一体，按照"项目导向、任务驱动"理念编写。全书包括六个项目，各项目均采用单项案例与综合案例相结合的模式，分别介绍了综合所得、分类所得、非居民所得、限售股转让所得、经营所得和个人所得汇算清缴相关业务处理。

本书可作为1+X职业技能等级证书（个税计算）的考前培训教材，与《个税计算基础（中级）》教材配套使用，也可作为职业院校税务专业课程教材，还可作为个税计算从业人员的培训与参考用书。

图书在版编目（CIP）数据

个税计算实务：中级/浙江衡信教育科技有限公司组编；粟卫红，李宁，谢默主编. —北京：机械工业出版社，2023.3（2025.1重印）
1+X职业技能等级证书（个税计算）配套教材
ISBN 978-7-111-72377-6

I. ①个… II. ①浙… ②粟… ③李… ④谢… III. ①个人所得税—中国—职业技能—鉴定—教材 IV. ①F812.424

中国国家版本馆CIP数据核字（2023）第040478号

机械工业出版社（北京市百万庄大街22号　邮政编码100037）
策划编辑：邢小兵　　　　　责任编辑：邢小兵
责任校对：史静怡　陈　越　封面设计：鞠　杨
责任印制：单爱军
北京虎彩文化传播有限公司印刷
2025年1月第1版第3次印刷
184mm×260mm · 12.75印张 · 295千字
标准书号：ISBN 978-7-111-72377-6
定价：45.00元

电话服务　　　　　　　　　网络服务
客服电话：010-88361066　　机　工　官　网：www.cmpbook.com
　　　　　010-88379833　　机　工　官　博：weibo.com/cmp1952
　　　　　010-68326294　　金　书　网：www.golden-book.com
封底无防伪标均为盗版　　机工教育服务网：www.cmpedu.com

个税计算实务（中级）编委会
（排名不分先后）

主　任：

温州市财税会计学校	戴剑锋

副主任：

郑州市经济贸易学校	韩　洁
云南省昆明市第一职业中等专业学校	林世伟
云南商务职业学院	刘思琴
云南财经职业学院	杨雯婷
忻州市第一中学校	韩晋峰
平湖市职业中等专业学校	严　谨
南海开放大学	黄志刚
南昌工学院	勒系琳
昆明城市学院	张梅荷
吉林省经济管理干部学院	宣胜瑾
黄山旅游管理学校	黄德胜
河南应用技术职业学院	张召哲
河南女子职业学院	孟　雅
河南经贸职业学院	刘　彧
沧州师范学院	庞江峰
北京财贸职业学院	乔梦虎
白城师范学院	于　飞
安徽城市管理职业学院	林　靖

PREFACE

前言

本书是1+X个税计算职业技能等级证书课证融通系列教材之一。

作为"十四五"的开年之局，2021年3月，中共中央办公厅、国务院办公厅印发的《关于进一步深化税收征管改革的意见》（中办发〔2021〕12号），是关于新时期税收征管改革的重要制度安排，是从"以票控税"向"以数治税"的历史性转变，也标志着我国将进入税收征管的分类精准监管时代。

伴随着金税四期的启动与税务执法和监管机制的不断完善，我国将建设以税收大数据为驱动力的具有高集成功能、高安全性能、高应用效能的智慧税务，完成税收治理实现数字化、智能化、智慧化的突破。税收大数据平台通过大数据、云计算、人工智能、移动互联网等新技术、新工艺、新方法，与全国信用信息共享平台建立健全数据共享、交换机制，依托自然人纳税识别号作为唯一标识，形成全国自然人纳税信用信息库，培育纳税人诚信纳税意识，践行社会主义核心价值观。"二十大"报告强调，要完善个人所得税制度，规范收入分配秩序，规范财富积累机制，保护合法收入，调节过高收入，取缔非法收入。新税法的实施，一方面降低了中低收入者的税负，另一方面加大了高收入群体的税收调节与监控力度，充分体现了个税在调节收入与稳定宏观经济方面发挥的重要作用。

本书是《个税计算基础（中级）》的姊妹篇，根据1+X个税计算职业技能等级标准与考试大纲，依托国家税务总局金税三期工程企业端税务系统高仿真教学实训平台——衡信税务实训平台编写，结合"衡信杯"全国税务技能大赛、个税计算职业技能大赛赛项规程内容，坚持理论与实务相结合，及时反映应用型本科、本科层次职业教育和高等职业院校教学改革的要求以及"新个税"后税收领域改革的最新动态。

全书编写以企业个税申报业务为突破口，内容涵盖个税特殊业务实务申报、个税分类所得实务申报、个税综合所得汇算清缴、非居民特殊业务实务申报等，采用项目任务式编写体例，融"教、学、做"于一体，通过"任务指引+提炼技能+情景案例+实操练习"的编排方式，力求做到"工学结合、理实一体、学做合一"，以提高学生职业技能操作能力为最终目标。本书具有以下特色：

1. 校企合作，双元共建

本书由浙江衡信教育科技有限公司组编（以下简称"浙江衡信"），浙江衡信是由教育部遴选发布的社会培训评价组织，负责第四批职业技能"X"证书——个税计算职业技能等级证书的颁发。同时，浙江衡信还编写了个税计算职业技能等级标准、考试大纲以及

"课程融通"实施方案等一系列与个税计算"1+X"证书相关的文件方案，并会同众多职业院校资深的财税专业一线教师一起完成了本套教材的编写，落实校企合作、双元共建理念，注重人才培养的实用性与实效性。

2. 编写理念符合教学要求

本书按照"项目导向、任务驱动"教学理念编写，以企业的个税申报业务为主线设计任务，各教学任务的开展以实际工作流程为指引，环环相扣，高度还原企业日常生产经营中个税计缴与申报的真实场景，培养和提升学生的综合职业操作能力和素养。

3. 实训案例切合实际

本书包含综合所得、分类所得、非居民所得、限售股转让所得、经营所得的典型业务处理以及个人所得税年度综合所得汇算清缴的业务处理等内容，基本涵盖了中小微企业日常经营中实际发生的绝大部分涉税业务，通过案例教学与实操练习，可以有效提高学生的实践能力并重温个税相关知识，做到学以致用。

4. 书证融合、学分互换

本书可单独与中高职及本科院校的财经商贸类相关专业的财税类课程进行书证融合教学，亦可作为实训课程独立开课，同时还可作为学分银行的学分转化项目，实现学分单向、双向转化，将技能培训与学历教育有机结合。

5. 教学与实训紧密融合

本书可利用税务实训平台实现教学与实训相融合。衡信税务实训平台是企业端税务系统高仿真教学实训平台，并可免费提供给用书院校使用，以便于学校开展1+X个税计算职业技能等级证书的课证融通及税务实训教学，将学生的理论学习与实训操作相融合，帮助学生实现学与做的转化。

6. 立体化配套资源，落实文化数字化战略

为贯彻落实国家文化数字化战略，本书配备了个税计算课证融通数字化教培资源，可为教师提供全面的教学支持，配合教学实训平台助力教师开展立体化教学。教培资源包含微课视频、教学讲义、PPT教学课件、题库资源、动画视频、操作录屏、考证资源等，以上资源及教学实训平台使用申请单均可通过机工教育服务网（www.cmpedu.com）或加入教师交流群（QQ群号：124688614）免费获取。使用本书的师生还可通过实名注册"个税研究院"（http://www.gssrz.com），开展书证融合教学或单独开设实训课程；学生可通过在线课程进行备考练习，了解个税师相关内容并支持备考资料下载、成绩与证书的查询等。

本书由从教多年、具有丰富教学经验的优秀教师团队编写，由长期工作在一线的企业专家进行指导，得到了众多院校领导的大力支持与帮助，在此一并表示感谢。

由于编者水平有限，书中难免有不当之处，敬请读者提出宝贵意见。

编　者

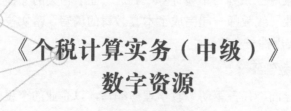

《个税计算实务（中级）》
数字资源

基础知识微课动画

序号	名称	二维码	序号	名称	二维码
01	个人所得税改革变迁史		06	个人所得税专项附加扣除之婴幼儿照护	
02	个人所得税征税对象		07	个人所得税专项附加扣除之租房租金支出、住房贷款利息支出	
03	个人所得税税率		08	个人所得税综合所得应纳税额计算	
04	个人所得税专项附加扣除之大病医疗支出、赡养老人		09	个人所得税分类所得应纳税额计算	
05	个人所得税专项附加扣除之继续教育、子女教育		10	个人所得税申报和缴纳	

典型业务微课动画

序号	名称	二维码	序号	名称	二维码
01	个人转让住房双方应缴纳哪些税费		04	个人通过出版社出版小说取得的收入应如何计税	
02	个人担任公司董事取得的收入如何征收个人所得税		05	保险代理人取得佣金收入应如何计税	
03	个人取得拍卖收入如何征收个人所得税		06	房屋转租收入如何缴纳个人所得税	

（续）

序号	名称	二维码	序号	名称	二维码
07	单位向个人低价售房应如何计算个人所得税及是否需要进行年度汇算		11	个体工商户经营所得减半征收	
08	单位以误餐补助名义发给职工的补贴、津贴，是否属于工资薪金		12	个体工商户经营所得汇算清缴的计算	
09	大病医疗专项附加扣除		13	个人独资企业和合伙企业清算时如何计缴个税	
10	个税汇算清缴，专项附加扣除在夫妻双方哪一方扣除更划算？				

实训案例讲解视频

序号	名称	二维码	序号	名称	二维码
01	生产经营所得预缴汇缴申报实务及案例分析		04	个税汇算清缴申报实务及案例分析（建筑行业）	
02	合伙企业经营所得预缴单项实训案例讲解		05	个税汇算清缴申报实务及案例分析（软件行业）	
03	合伙企业经营所得汇缴单项实训案例讲解		06	个税汇算清缴申报实务及案例分析（医美行业）	

CONTENTS ▶ 目录

项目一

综合所得实务

项目描述

本项目主要讲解综合所得个人所得税的业务处理，包括年金领取业务处理、税收递延型商业养老保险所的业务处理等九项工作任务，重难点在于各类所得的政策要求、应纳税额的计算及个人所得税的填报。本项目要求学生熟练掌握综合所得各类业务的处理流程与要求，能根据实际发生的经济业务，进行个人所得税税款的计算与申报。

工作任务

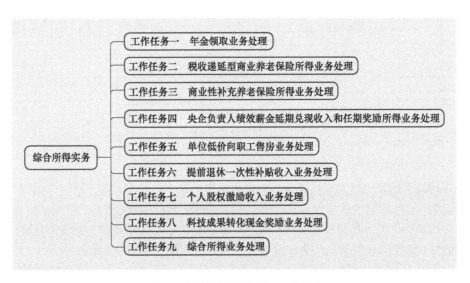

图1-1　综合所得实务处理工作任务

任务一　年金领取业务处理

任务描述

个人领取年金时，其应纳税款由受托人代表委托人、委托托管人代扣代缴。年金账户管理人应及时向托管人提供个人年金缴费及对应的个人所得税纳税明细。托管人根据受托人指令及账户管理人提供的资料，对个人当期领取年金个人所得税进行准确计算，并在自然人电子税务局熟练完成年金领取个人所得税的填报。

🔔 技能要求

1. 能熟练完成年金领取个人所得税应纳税额的计算。
2. 能熟练在自然人电子税务局办理年金领取所得项目的单个和批量填报。
3. 会熟练办理单个或批量的年金领取所得项目信息的修改、删除及查询。

📬 案例情景

浙江合顺科技有限公司自2014年1月1日开始委托企业年金理事会为部分员工缴存企业年金，企业年金理事会于2014年1月1日与招商银行股份有限公司杭州富阳支行签订了《浙江合顺科技有限公司企业年金基金托管合同》（合同编号：Q1237977）。2022年1月部分员工领取年金，年金领取额度没有限制。

资料1：年金领取人员基础信息（见表1-1）

表1-1　年金领取人员基础信息表

姓　名	性　别	身 份 证 号	任职受雇从业类型	国籍（地区）
张启胜	男	33011119571006××××	其他	中国
周国强	男	21010419541118××××	其他	中国
蒋文凤	女	35011119660412××××	其他	中国
顾　涛	男	63010519780513××××	其他	中国
韩闵希	男	34100319831018××××	其他	中国

资料2：年金领取情况

（1）中国居民纳税人张启胜已退休，选择按月领取年金。其年金账户余额为600 000元，预计分5年领完，每月等额领取年金，2022年1月按月领取年金10 000元。

（2）中国居民纳税人周国强已退休，选择按季领取年金。其年金账户余额为480 000元，预计分5年领完，每季度等额领取年金，2022年1月按季领取年金24 000元。

（3）中国居民纳税人蒋文凤已退休，选择按年领取年金。其年金账户余额为400 000元，预计分10年领取，每年等额领取年金，2022年1月按年领取年金40 000元。

（4）中国居民纳税人顾涛因决定前往国外定居，故2022年1月一次性领取其年金个人账户余额200 000元。

（5）中国居民纳税人韩闵希因购房急需资金，故2022年1月一次性领取其年金个人账户余额320 000元。

一、业务要求和业务要点

（一）业务要求

（1）对员工张启胜等五人领取年金时产生的个人所得税应纳税所得额进行准确计算。

（2）初步完成领取年金时应扣缴的个人所得税的计算。

（3）在自然人电子税务局熟练完成年金领取所得项目的单个和批量填报。

（4）能够使用自然人电子税务局进行年金领取所得项目相关信息的修改、删除及查询，包括查询、删除、单个修改或批量修改具体人员的年金领取填报信息。

（5）完成年金领取所得项目申报，发送申报表，完成个人所得税的扣缴。

（二）业务要点

1. 个人领取企业年金、职业年金时的个人所得税的处理

《财政部 税务总局关于个人所得税法修改后有关优惠政策衔接问题的通知》（财税〔2018〕164号）第四条关于个人领取企业年金、职业年金的政策规定：个人达到国家规定的退休年龄，领取的企业年金、职业年金，符合《财政部 人力资源和社会保障部 国家税务总局关于企业年金、职业年金个人所得税有关问题的通知》（财税〔2013〕103号）文件规定的，不并入综合所得，全额单独计算应纳税款，处理方式见表1-2。

表1-2 退休后领取年金的方式对应纳个人所得税的影响

领取方式	是否分摊	适用税率	备 注
按月领取	否	综合所得月度税率表	
按季领取	平均分摊计入各月	综合所得月度税率表	按每月领取额计税后合计
按年领取	否	综合所得税率表	
特殊原因一次性领取	否	综合所得税率表	指个人因出境定居而领取，或个人死亡后指定的受益人或法定继承人领取
除上述特殊原因外一次性领取	否	综合所得月度税率表	

2. 综合所得税率表（见表1-3）及综合所得月度税率表（见表1-4）

表1-3 综合所得税率表

级 数	全年应纳税所得额	税率（%）	速算扣除数（元）
1	不超过36 000元的	3	0
2	超过36 000元至144 000元的部分	10	2 520
3	超过144 000元至300 000元的部分	20	16 920
4	超过300 000元至420 000元的部分	25	31 920
5	超过420 000元至660 000元的部分	30	52 920
6	超过660 000元至960 000元的部分	35	85 920
7	超过960 000元的部分	45	181 920

表1-4 综合所得月度税率表

级 数	全月应纳税所得额	税率（%）	速算扣除数（元）
1	不超过3 000元的	3	0
2	超过3 000元至12 000元的部分	10	210
3	超过12 000元至25 000元的部分	20	1 410
4	超过25 000元至35 000元的部分	25	2 660
5	超过35 000元至55 000元的部分	30	4 410
6	超过55 000元至80 000元的部分	35	7 160
7	超过80 000元的部分	45	15 160

二、业务流程和实务操作

（一）业务流程（见图1-2）

申报表填写　　税款计算　　申报表报送　　税款缴纳

根据案例情景
资料，填写年金
领取相关申报表

申报表填写好
后，进行税款
计算

申报表核实无
误后，进行发送

申报表发送
成功后，进行
三方协议缴税

图1-2　年金领取个人所得税申报流程

（二）实务操作

1．年金领取个人所得税扣缴税额的计算

（1）张启胜扣缴个人所得税税额=10 000×10%−210=790（元）。

（2）按月分摊后月领取额=24 000÷3=8 000（元），周国强扣缴个人所得税税额=（8 000×10%−210）×3=1 770（元）。

（3）蒋文凤扣缴个人所得税税额=40 000×10%−2 520=1 480（元）。

（4）顾涛扣缴个人所得税税额=200 000×20%−16 920=23 080（元）。

（5）韩闵希扣缴个人所得税税额=320 000×45%−15 160=128 840（元）。

2．年金领取个人所得税的填报

（1）填写年金领取信息，如图1-3所示。

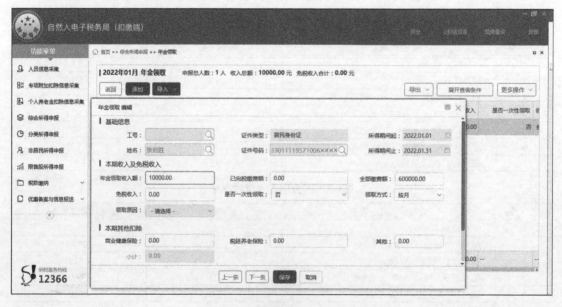

图1-3　年金领取信息填写界面

（2）税款计算。税款计算有"在线算税"和"离线算税"两种方式，在实际报税时，操作者应选择"在线算税"方式进行税款计算。单击【税款计算】按钮，每个人员的应纳税所得额、应纳税额、应补（退）税额等会自动生成，如图1-4所示。

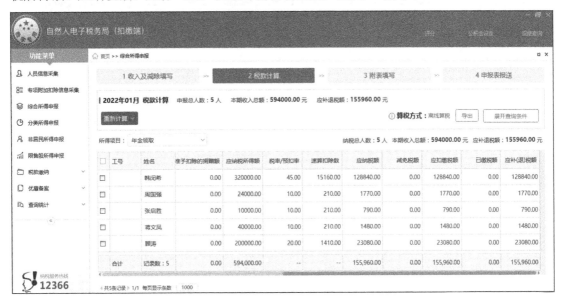

图1-4　税款计算界面

（3）审核并进行申报表报送。审核申报人数、应纳税额等信息，如果准确无误，则单击【发送申报】按钮，然后获取反馈，完成年金领取项目申报。若有错误可通过【更正申报】进行处理，若已获取反馈则需进行申报作废操作，如图1-5所示。

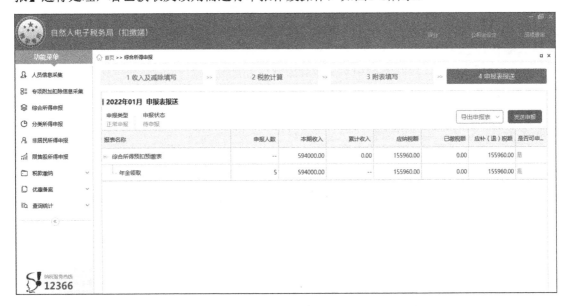

图1-5　申报表报送界面

（4）税款缴纳。申报成功后，单击【税款缴纳】，进行三方协议缴税，单击【立即缴款】，完成税款缴纳，如图1-6所示。

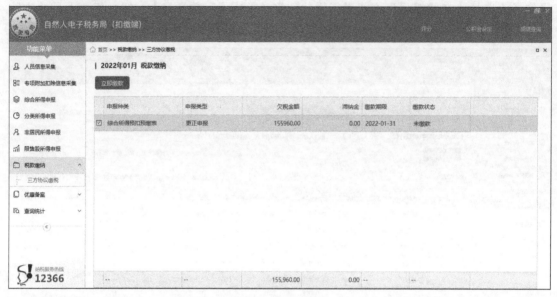

图1-6　税款缴纳界面

三、填表说明及注意事项

（一）填表说明

1. 本期收入及免税收入

（1）"年金领取收入额"：填写本次领取年金的金额。

（2）"已完税缴费额"：填写在财税〔2013〕103号文件实施之前缴付的年金单位缴费和个人缴费且已经缴纳个人所得税的部分，通常指的是2014年前的年金已完税缴费额。

（3）全部缴费额：填写账户中实际年金缴纳部分。

（4）是否一次性领取：指是否一次性领取年金个人账户余额。

（5）免税收入：填写按照《中华人民共和国个人所得税法》（以下简称《个人所得税法》）及其他法律法规规定的免税收入金额。

2. 本期其他扣除

（1）商业健康保险：填写个人购买符合规定的商业健康保险产品的支出金额，扣除限额为2 400元/年（200元/月）。

（2）税延养老保险：试点地区个人通过个人商业养老资金账户购买符合规定的商业养老保险产品的支出，允许在一定标准内税前扣除，扣除限额按照当月工资收入的6%和1 000元熟低确定。

（3）其他：填写按照《个人所得税法》及其他法律法规规定的其他税前扣除金额。

（二）注意事项

（1）按月领取年金时，是否一次性领取为"否"。

（2）按季领取年金时，是否一次性领取为"否"。

（3）按年领取年金时，是否一次性领取为"否"。

（4）"个人出国定居或死亡后指定的受益人或法定继承人"一次性领取年金时，是否一次性领取为"是"。

（5）除"个人出国定居或死亡后继承"特殊原因外一次性领取年金时，是否一次性领取为"是"。

02 任务二　税收递延型商业养老保险所得业务处理

📖 任务描述

个人达到国家规定的退休年龄时，可按月或按年领取商业养老金，领取期限原则上为终身或不少于15年。个人身故、发生保险合同约定的全残或罹患重大疾病的，可以一次性领取商业养老金。

准确计算个人当期领取的税收递延型商业养老金收入的个人所得税，并在自然人电子税务局熟练完成税收递延型商业养老金个人所得税的填报。

🔔 技能要求

1. 会熟练填写税收递延型商业养老金申报附表。
2. 会熟练办理税收递延型商业养老金纳税申报项目的修改、删除及查询。

🖼 案例情景

上海科技创业投资有限公司位于上海市黄浦区，2018年5月1日公司开始为其部分员工通过其商业养老资金账户在中国人寿保险股份有限公司上海市分公司购买符合条件的税收递延型商业养老保险。2022年1月部分员工领取税收递延型商业养老金。

资料1：税收递延型商业养老金领取人员基础信息（见表1-5）

表1-5　税收递延型商业养老金领取人员基础信息表

姓 名	性 别	身 份 证 号	任职受雇从业类型	国籍（地区）
姜晓林	男	21010219580618××××	其他	中国
李峰	男	33010419770809××××	其他	中国
周茵茵	女	51010819660503××××	其他	中国

资料2：税收递延型商业养老金领取情况

（1）姜晓林：公司每月通过商业养老资金账户为员工姜晓林购买税收递延型商业养老保险10 000元。姜晓林已达到法定退休年龄，其决定按年领取税收递延型商业养老金，每年1月领取一次同等金额税收递延型商业养老金。2022年1月姜晓林领取税收递延型商业养老金23 000元。

（2）李峰：公司每月通过商业养老资金账户为员工李峰购买税收递延型商业养老保险4 000元。李峰还未达到法定退休年龄，但其因上下班途中发生交通意外，导致残疾，属于保险合同约定的全疾情况。2022年1月28日李峰一次性领取全部税收递延型商业养老金165 000元。

（3）周茵茵：公司每月通过商业养老资金账户为员工周茵茵购买税收递延型商业养老保险6 000元。周茵茵已达到法定退休年龄，其决定按月领取同等金额税收递延型商业养老金。2022年1月周茵茵领取税收递延型商业养老金1 200元。

一、业务要求和业务要点

（一）业务要求

（1）了解税收递延型商业养老保险的政策。

（2）对员工姜晓林等三人领取税收递延型商业养老金时产生的个人所得税应纳税所得额进行准确计算。

（3）初步完成领取税收递延型商业养老金时应扣缴的个人所得税的计算。

（4）在自然人电子税务局熟练完成税收递延型商业养老金领取所得项目的单个和批量填报。

（5）完成税收递延型商业养老金申报附表的填写。

（6）能够使用自然人电子税务局进行税收递延型商业养老金领取所得项目的修改、删除及查询，包括查询、删除、单个修改或批量修改具体人员的税收递延型商业养老金领取填报信息。

（7）完成税收递延型商业养老金项目申报，发送申报表，完成个人所得税的扣缴。

（二）业务要点

2018年4月2日，多部门联合发布《关于开展个人税收递延型商业养老保险的通知》（财税〔2018〕22号），《通知》规定：自2018年5月1日起，在上海市、福建省（含厦门市)和苏州工业园区实施个人税收递延型商业养老保险试点。对试点地区个人通过个人商业养老资金账户购买符合规定的商业养老保险产品的支出，允许在一定标准内税前扣除；计入个人商业养老资金账户的投资收益暂不征收个人所得税，个人领取商业养老金时再征收个人所得税。《通知》要点的归纳及个人税收递延型商业养老金的个税处理分别见图1-7和表1-6。

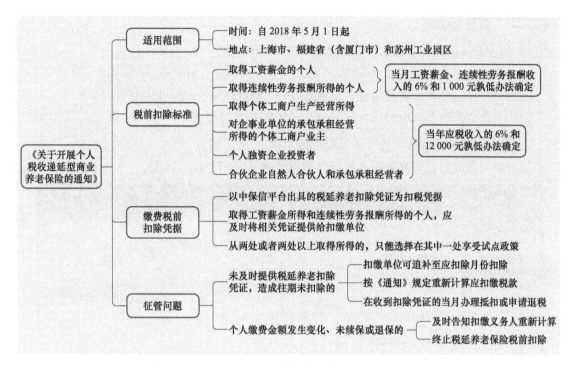

图1-7 《关于开展个人税收递延型商业养老保险的通知》要点归纳图

表1-6 个人税收递延型商业养老金的个税处理

项 目	内 容				个 税 处 理
纳税环节	计入个人商业养老资金账户的投资收益				缴费期间暂不征收个人所得税
	个人领取商业养老金	达到国家规定的退休年龄	按月领取	领取期限原则上为终身或不少于15年	1. 其中25%部分免税,其余75%部分按照10%的税率计算缴纳个税,税款计入"工资、薪金所得"项目 2. 保险机构代扣代缴,在个人购买税延养老保险的机构所在地办理全员全额扣缴申报
			按年领取		
		个人身故		可一次性领取	
		个人身故、发生保险合同约定的全残或罹患重大疾病			
征收管理	个人按规定领取商业养老金时				保险公司代扣代缴

注:自2018年5月1日起,试点期限暂定一年。据了解,个人税收递延型商业养老保险规定继续有效,具体规定以当地主管税务机关公布的为准。

二、业务流程和实务操作

(一)业务流程(见图1-8)

图1-8 税收递延型商业养老金个人所得税申报流程

（二）实务操作

1. 税收递延型商业养老金个人所得税扣缴税额的计算

（1）姜晓林扣缴个人所得税税额=23 000-（23 000×25%）×10%=1 725（元）。

（2）李峰扣缴个人所得税税额=165 000-（165 000×25%）×10%=12 375（元）。

（3）周茵茵扣缴个人所得税税额=1 200-（1 200×25%）×10%=90（元）。

2. 税收递延型商业养老金个人所得税的填报

（1）填写税收递延型商业养老金领取信息，如图1-9所示。

图1-9　税收递延型商业养老金领取信息填写界面

（2）税款计算。选择"在线算税"方式进行税款计算，单击【税款计算】按钮，每个人的应纳税所得额、应纳税额、应补（退）税额等会自动生成，如图1-10所示。

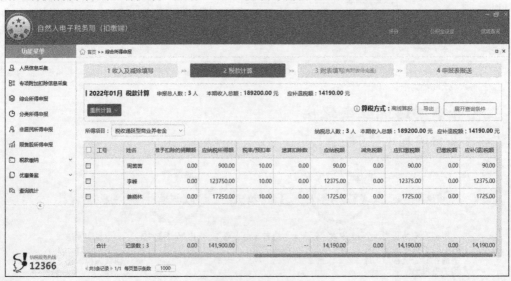

图1-10　税款计算界面

（3）附表填写。填写减免事项附表相关内容，如图1-11和图1-12所示。

图1-11　减免事项附表填写界面

图1-12　减免事项附表填写完成界面

（4）审核并进行申报表报送。审核申报人数、应纳税额等信息，如果准确无误，则单击【发送申报】按钮，然后获取反馈，完成税收递延型商业养老金个人所得税项目申报，如图1-13所示。若有错误可通过【更正申报】进行处理，若已获取反馈则需进行申报作废操作。

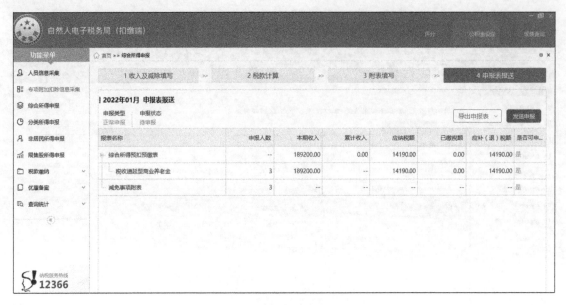

图1-13 申报表报送界面

（5）税款缴纳。申报成功后，单击【税款缴纳】，进行三方协议缴税。单击【立即缴款】，完成税款缴纳，如图1-14所示。

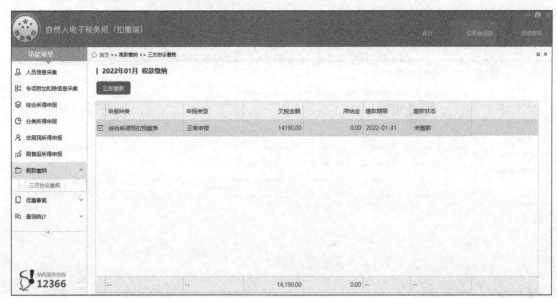

图1-14 税款缴纳界面

三、填表说明及注意事项

（一）填表说明

1. 本期收入及免税收入

（1）"收入"：填写本月税收递延型商业养老保险的养老金收入。

（2）"免税收入"：填写按照《个人所得税法》及其他法律法规规定的免税收入金额。对个人达到规定条件时领取的商业养老金收入，其中25%部分予以免税。

2. 本期其他扣除

"其他"：填写按照《个人所得税法》及其他法律法规规定的其他可税前扣除金额。

3. 本期其他

（1）"准予扣除的捐赠额"：填写按照《个人所得税法》及其他法律法规规定的可以在税前扣除的捐赠额。

（2）"减免税额"：填写符合税法规定可以减免的税额，包括：①残疾、孤老人员和烈属的所得；②因自然灾害遭受重大损失的；③国务院规定的其他减税情形。

（二）注意事项

（1）"免税收入"由系统自动计算出"收入×25%"后的金额，且可修改。
（2）"税率"指按照10%的比例税率计算应纳税额。

任务三 商业性补充养老保险所得业务处理

任务描述

根据单位为职工个人购买的商业性补充养老保险的相关政策，准确计算单位为职工个人购买商业性补充养老保险个人所得税，并在自然人电子税务局熟练完成单位为职工个人购买商业性补充养老保险个人所得税的填报。

技能要求

1. 能熟练完成单位为职工个人购买商业性补充养老保险个人所得税应纳税额的计算。
2. 会熟练办理单位为职工个人购买商业性补充养老保险个人所得税的填报。

案例情景

2022年1月份，杭州微米科技公司为职工个人购买商业性补充养老保险。

资料1：职工基础信息（见表1-7）

表1-7 职工基础信息表

姓 名	性 别	身 份 证 号	手机号码	任职受雇从业类型	任职受雇日期	国籍（地区）
唐成玲	女	11011319880218××××	1334706××××	雇员	2019-04-12	中国
周宇明	男	23011019840901××××	1813011××××	雇员	2020-11-20	中国

资料2：2022年1月杭州微米科技公司为职工个人购买商业性补充养老保险情况

（1）唐成玲：杭州微米科技公司的高级管理人员，2022年1月，唐成玲取得当月基本工资16 200元，缴纳基本养老保险560元，基本医疗保险140元，失业保险35元，住房公积金840元；公司为其购买商业性补充养老保险产品，保费支出为每份500元，已办理投保手续；假定唐成玲没有其他收入且无专项附加扣除及其他扣除项目。

（2）周宇明：杭州微米科技公司的高级管理人员，2022年1月，周宇明取得当月基本工资14 400元，缴纳基本养老保险560元，基本医疗保险140元，失业保险35元，住房公积金840元；公司为其购买商业性补充养老保险产品，保费支出为每份500元，已办理投保手续；假定周宇明没有其他收入且无专项附加扣除及其他扣除项目。

一、业务要求和业务要点

（一）业务要求

（1）了解商业性补充养老保险的政策。

（2）对唐成玲等二位取得工资薪金所得、单位为其个人购买商业性补充养老保险时产生的个人所得税应纳税所得额进行准确计算。

（3）初步完成唐成玲等二位取得工资薪金所得、单位为其个人购买商业性补充养老保险时应扣缴的个人所得税的计算。

（4）完成工资薪金所得、单位为职工个人购买商业性补充养老保险项目申报，发送申报表，完成个人所得税的扣缴。

（二）业务要点

1. 单位为职工个人购买商业性补充养老保险时的个人所得税的处理

商业性补充养老保险是企业在国家统一制定的基本养老保险之外，根据自身的经济实力，在履行了缴纳基本养老保险费义务之后，专门为本企业职工建立的附加保险。关于单位为个人购买的商业性补充养老保险的相关政策，总结见表1-8。

表1-8　单位为个人购买的商业性补充养老保险的个人所得税处理

序　号	项　目		个人所得税处理	
1	单位为职工个人购买的商业性补充养老保险	办理投保手续时	按"工资、薪金所得"项目，缴纳个人所得税	
		退保	个人未取得实际收入的，已缴纳的个人所得税应予以退回	
2	单位为个人支付各项免税之外的保险金	企业向保险公司缴付时（即该保险落到被保险人的保险账户）	并入个人当期的工资收入，按"工资、薪金所得"项目计征个人所得税	
3	符合规定的商业健康保险产品的支出	个人购买	允许在当年（月）计算应纳税所得额时予以税前扣除	扣除限额为2 400元/年（200元/月）
		单位统一购买	视同个人购买	

2. 综合所得税率表（见表1-9）

表1-9　综合所得税率表

级　数	全年应纳税所得额	税率（%）	速算扣除数（元）
1	不超过36 000元的	3	0
2	超过36 000元至144 000元的部分	10	2 520
3	超过144 000元至300 000元的部分	20	16 920
4	超过300 000元至420 000元的部分	25	31 920
5	超过420 000元至660 000元的部分	30	52 920
6	超过660 000元至960 000元的部分	35	85 920
7	超过960 000元的部分	45	181 920

二、业务流程和实务操作

（一）业务流程（见图1-15）

图1-15　工资薪金所得、单位为职工个人购买商业性补充养老保险个税申报流程

（二）实务操作

1. 工资薪金所得、单位为职工个人购买商业性补充养老保险个人所得税扣缴税额的计算

单位为职工个人购买商业性补充养老保险，在办理投保手续时，应将其作为个人所得税的"工资、薪金所得"项目计征个人所得税。杭州微米科技公司统一为唐成玲等二位购买的商业性补充养老保险产品，应并入其二人当月工资薪金所得计征个人所得税。

（1）唐成玲工资薪金所得与单位为其个人购买的商业性补充养老保险扣缴个人所得税=（16 200+500-5 000-560-140-35-840）×3%=303.75（元）。

（2）周宇明工资薪金所得与单位为其个人购买的商业性补充养老保险扣缴个人所得税=（14 400+500-5 000-560-140-35-840）×3%=249.75（元）。

2. 工资薪金所得、单位为职工个人购买商业性补充养老保险个人所得税的填报

（1）填写工资薪金所得信息，如图1-16和图1-17所示。

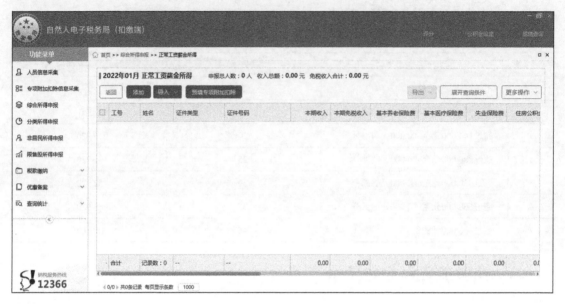

图1-16　人员信息采集界面

图1-17　工资薪金所得信息填写界面

（2）税款计算。选择"在线算税"方式进行税款计算，单击【税款计算】按钮，每个人员的累计应纳税所得额、累计应纳税额、应补（退）税额等会自动生成，如图1-18所示。

图1-18 税款计算界面

（3）审核并进行申报表报送。审核申报人数、应纳税额等信息，如果准确无误，则单击【发送申报】按钮，然后获取反馈，完成工资薪金所得、单位为职工个人购买商业性补充养老保险个人所得税项目申报，如图1-19所示。若有错误可通过【更正申报】进行处理，若已获取反馈则需进行申报作废操作。

图1-19 申报表报送界面

（4）税款缴纳。申报成功后，单击【税款缴纳】，进行三方协议缴税。单击【立即缴款】，完成税款缴纳，如图1-20所示。

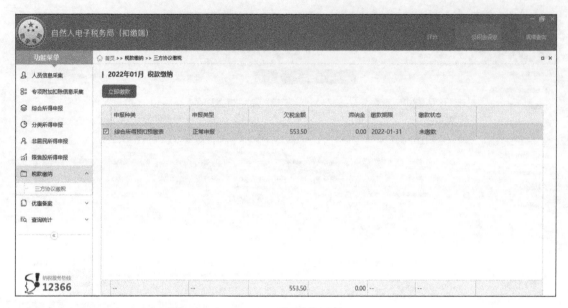

图1-20　税款缴纳界面

三、填表说明及注意事项

（一）填表说明

（1）商业健康保险相关信息的填写，应当按规定附报"商业健康保险税前扣除情况明细表"。

（2）商业性补充养老保险当月投保金额，需填在"个人所得税年度自行纳税申报表（A表）"的"工资、薪金所得"项目内。

（二）注意事项

（1）单位为职工个人购买商业性补充养老保险等，在办理投保手续时应作为个人所得税的"工资、薪金所得"项目缴纳个人所得税；因各种原因退保，个人未取得实际收入的，已缴纳的个人所得税应予以退回。

（2）根据《个人所得税法》及有关规定，对企业为员工支付各项免税之外的保险金，应在企业向保险公司缴付时（即该保险落到被保险人的保险账户）并入员工当期的工资收入，按"工资、薪金所得"项目计征个人所得税，税款由企业负责代扣代缴。

（3）对个人购买符合规定的商业健康保险产品的支出，允许在当年（月）计算应纳税所得额时予以税前扣除，扣除限额为2 400元/年（200元/月）。单位统一为员工购买符合规定的商业健康保险产品的支出，应分别计入员工个人工资薪金，视同个人购买，按上述限额予以扣除。2 400元/年（200元/月）的限额扣除为《个人所得税法》规定减除费用标准之外的扣除。

任务四 央企负责人绩效薪金延期兑现收入和任期奖励所得业务处理

📖 任务描述

根据中央企业负责人取得的年度绩效奖金延期兑现收入和任期奖励相关明细资料，准确计算中央企业负责人取得年度绩效奖金延期兑现收入和任期奖励个人所得税，并在自然人电子税务局熟练完成央企负责人绩效薪金延期兑现收入和任期奖励个人所得税的填报。

🔔 技能要求

1. 能熟练完成央企负责人绩效薪金延期兑现收入和任期奖励个人所得税应纳税额的计算。

2. 能在自然人电子税务局熟练办理央企负责人绩效薪金延期兑现收入和任期奖励所得项目的单个和批量填报。

3. 会熟练办理单个或批量的央企负责人绩效薪金延期兑现收入和任期奖励所得项目信息的修改、删除及查询。

📇 案例情景

2022年1月，中国国新控股有限责任公司（央企）发放2021年企业负责人绩效奖金。

资料1：央企负责人基础信息（见表1-10）

表1-10 央企负责人基础信息表

姓　　名	性　　别	身　份　证　号	手　机　号　码	任职受雇从业类型	职　　位	任职受雇日期	国籍（地区）
汤　明	男	36010519610918×××	1567863××××	雇员	总会计师	2018-01-01	中国
周佳俊	男	31010919611114××××	1881865××××	雇员	副总经理	2018-01-01	中国
富玲玲	女	37011219700906××××	1839876××××	雇员	董事会秘书	2018-01-01	中国

资料2：央企负责人绩效薪金延期兑现收入和任期奖励所得情况

（1）汤明：中国国新控股有限责任公司的总会计师，2022年1月，汤明任期结束，取得当月基本工资30 000元，缴纳基本养老保险1 200元，基本医疗保险300元，失业保险75元，住房公积金1 800元；同时取得2018—2021年任职期间绩效奖励的40%部分总计400 000元以及任期奖励80 000元。汤明针对以上绩效奖励和任期奖励选择单独计税。假定汤明没有其他收入且无专项附加扣除及其他扣除项目。

（2）周佳俊：中国国新控股有限责任公司的副总经理，2022年1月，周佳俊任期结束，当月取得工资薪金所得40 000元，缴纳基本养老保险1 200元，基本医疗保险300元，失业保险75元，住房公积金1 800元；同时取得2018—2021年任职期间绩效奖励的40%部分总计500 000元以及任期奖励100 000元。周佳俊针对以上绩效奖励和任期奖励选择并入综合所得计税。假定周佳俊没有其他收入且无专项附加扣除及其他扣除项目。

（3）富玲玲：中国国新控股有限责任公司的董事会秘书，2022年1月，富玲玲任期结束，当月取得工资薪金所得20 000元，缴纳基本养老保险1 200元，基本医疗保险300元，失业保险75元，住房公积金1 800元；同时取得2018—2021年任职期间绩效奖励的40%部分总计200 000元以及任期奖励40 000元；2022年1月15日，富玲玲通过浙江省杭州公益事业基金会（纳税人识别号：91332208604300××××）捐赠现金40 000元，捐赠证书号Q23Y545521，选择在综合所得中扣除。富玲玲针对以上绩效奖励和任期奖励选择并入综合所得计税。假定富玲玲没有其他收入且无专项附加扣除及其他扣除项目。

一、业务要求和业务要点

（一）业务要求

（1）对汤明等三位央企负责人取得工资薪金所得、绩效薪金延期兑现收入和任期奖励时产生的个人所得税应纳税所得额进行准确计算。

（2）初步完成央企负责人取得工资薪金所得、绩效薪金延期兑现收入和任期奖励时应扣缴的个人所得税的计算。

（3）在自然人电子税务局熟练完成工资薪金所得、央企负责人绩效薪金延期兑现收入和任期奖励所得项目的单个和批量填报。

（4）能够使用自然人电子税务局进行工资薪金所得、央企负责人绩效薪金延期兑现收入和任期奖励所得项目相关信息的修改、删除及查询，包括查询、删除、单个修改或批量修改具体人员的领取填报信息。

（5）完成工资薪金所得、央企负责人绩效薪金延期兑现收入和任期奖励所得项目申报，发送申报表，完成个人所得税的扣缴。

（二）业务要点

1. 中央企业负责人绩效薪金延期兑现收入和任期奖励个人所得税的处理

为建立中央企业负责人薪酬激励与约束的机制，根据《中央企业负责人经营业绩考核办法》和《中央企业负责人薪酬管理暂行办法》规定，国务院国有资产监督管理委员会对中央企业负责人的薪酬发放采取按年度经营业绩和任期经营业绩考核的方式。

具体考核方式如下：中央企业负责人薪酬由基薪、绩效薪金和任期奖励构成，其中基薪和绩效薪金的60%在当年发放，绩效薪金的40%和任期奖励于任期结束后发放。对中央企业负责人于任期结束后取得的绩效薪金的40%和任期奖励收入征收个人所得税，适用范围及征税处理见表1-11。

表1-11 中央企业负责人绩效薪金延期兑现收入和任期奖励政策的适用范围及征税处理

项 目	适用范围：国资委管理的中央企业名单中的下列人员		征税处理
绩效薪金延期兑现和任期奖励	国有独资企业	总经理（总裁）、副总经理（副总裁）、总会计师 党委（党组）书记、副书记、常委（党组成员） 纪委书记（纪检组长）	（1）中央企业负责人取得绩效薪金延期兑现收入和任期奖励，符合相关规定的，在2021年12月31日前，不并入当年综合所得，参照年终奖计算方式单独计算纳税；2022年1月1日之后的政策另行明确 （2）以上优惠政策延期至2023年12月31日 政策依据：财税〔2018〕164号、财政部 税务总局公告2021年第43号
	国有独资公司	党委（党组）书记、副书记、常委（党组成员） 纪委书记（纪检组长）	
	国有控股公司	国有股权代表出任的董事长、副董事长 董事、总经理（总裁）、纪委书记（纪检组长） 列入国资委党委管理的副总经理（副总裁）、总会计师 党委（党组）书记、副书记、常委（党组成员）	
	未设董事会的国有独资公司	总经理（总裁）、副总经理（副总裁）、总会计师	
	设董事会的国有独资公司（国资委确定的董事会试点企业除外）	董事长、副董事长、董事、总经理（总裁） 副总经理（副总裁）、总会计师	

选择单独计算的，计算方法见表1-12。

表1-12 绩效薪金延期兑现和任期奖励单独计税的征税处理

项 目	计 算 公 式	适用税率表	税率和速算扣除数选择方法
绩效薪金延期兑现和任期奖励	应纳税额=年度绩效薪金延期兑现收入和任期奖励×适用税率−速算扣除数	综合所得月度税率表	年度绩效薪金延期兑现收入和任期奖励÷12得到的数额查表

2. 综合所得税率表（见表1-13）及综合所得月度税率表（见表1-14）

表1-13 综合所得税率表

级 数	全年应纳税所得额	税率（%）	速算扣除数（元）
1	不超过36 000元的	3	0
2	超过36 000元至144 000元的部分	10	2 520
3	超过144 000元至300 000元的部分	20	16 920
4	超过300 000元至420 000元的部分	25	31 920
5	超过420 000元至660 000元的部分	30	52 920
6	超过660 000元至960 000元的部分	35	85 920
7	超过960 000元的部分	45	181 920

表1-14　综合所得月度税率表

级　数	全月应纳税所得额	税率（%）	速算扣除数（元）
1	不超过3 000元的	3	0
2	超过3 000元至12 000元的部分	10	210
3	超过12 000元至25 000元的部分	20	1 410
4	超过25 000元至35 000元的部分	25	2 660
5	超过35 000元至55 000元的部分	30	4 410
6	超过55 000元至80 000元的部分	35	7 160
7	超过80 000元的部分	45	15 160

二、业务流程和实务操作

（一）业务流程（见图1-21）

图1-21　工资薪金所得、央企负责人绩效薪金延期兑现收入和任期奖励个税申报流程

（二）实务操作

1. 计算工资薪金所得、央企负责人绩效薪金延期兑现收入和任期奖励个人所得税扣缴税额

（1）汤明工资薪金所得预扣预缴个人所得税=（30 000-5 000-1 200-300-75-1 800）×3%=648.75（元）。

汤明领取绩效薪金延期兑现收入和任期奖励扣缴个人所得税税额=（400 000+80 000）×30%-4 410=139 590（元）。

（2）周佳俊工资薪金所得预扣预缴个人所得税=（40 000-5 000-1 200-300-75-1 800）×3%=948.75（元）。

周佳俊领取绩效薪金延期兑现收入和任期奖励扣缴个人所得税税额=（500 000+100 000）×30%-4 410=175 590（元）。

（3）富玲玲工资薪金所得与领取绩效薪金延期兑现收入和任期奖励扣缴个人所得税税额=[（20 000+200 000+40 000）-5 000-1 200-300-75-1 800-40 000]×20%-16 920=25 405（元）。

2. 工资薪金所得、央企负责人绩效薪金延期兑现收入和任期奖励个人所得税填报

（1）填写工资薪金所得信息，如图1-22和图1-23所示。

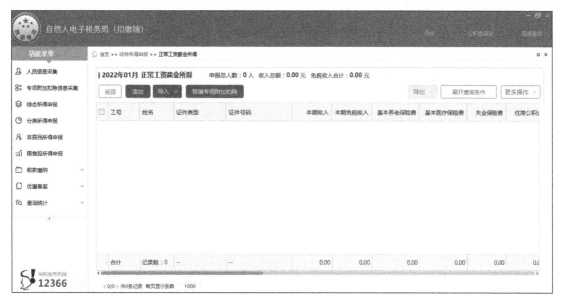

图1-22　人员信息采集界面

图1-23　工资薪金所得信息填写界面

（2）填写央企负责人绩效薪金延期兑现收入和任期奖励信息，如图1-24所示。

图1-24　央企负责人绩效薪金延期兑现收入和任期奖励信息填写界面

（3）税款计算。选择"在线算税"方式进行税款计算，单击【税款计算】按钮，每个人员的累计应纳税所得额、累计应纳税额、应补（退）税额等会自动生成，如图1-25和图1-26所示。

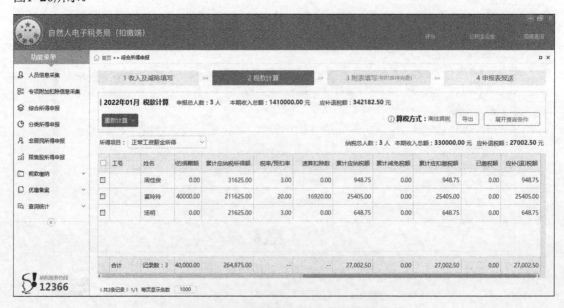

图1-25　工资薪金所得税款计算界面

图1-26　央企负责人绩效薪金延期兑现收入和任期奖励税款计算界面

（4）附表填写。填写捐赠扣除附表相关内容，如图1-27和图1-28所示。

图1-27　捐赠扣除附表填写界面

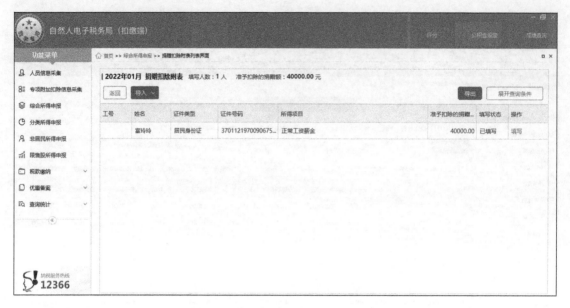

图1-28　捐赠扣除附表填写完成界面

（5）审核并进行申报表报送。审核申报人数、应纳税额等信息，如果准确无误，则单击【发送申报】按钮，然后获取反馈，完成工资薪金所得、央企负责人绩效薪金延期兑现收入和任期奖励个人所得税项目申报，如图1-29所示。若有错误可通过【更正申报】进行处理，若已获取反馈则需进行申报作废操作。

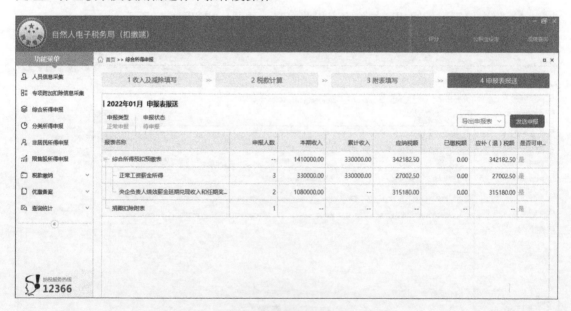

图1-29　申报表报送界面

（6）税款缴纳。申报成功后，单击【税款缴纳】，进行三方协议缴税。单击【立即缴款】，完成税款缴纳，如图1-30所示。

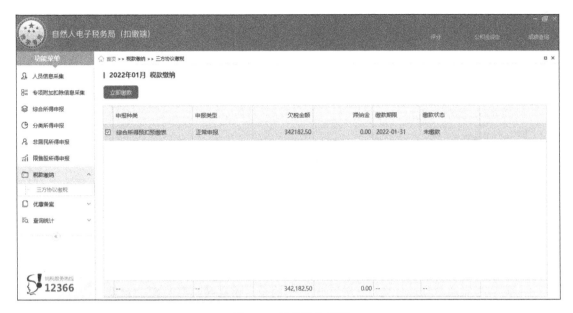

图1-30　税款缴纳界面

三、填表说明及注意事项

（一）填表说明

1. 本期收入及免税收入

（1）"收入"：填写当月发放的央企负责人绩效薪金延期兑现收入和任期奖励收入总额。

（2）"免税收入"：填写按照《个人所得税法》及其他法律法规规定的免税收入金额。

2. 本期其他扣除

"其他"：填写按照《个人所得税法》及其他法律法规规定的其他可税前扣除金额。

3. 本期其他

（1）"准予扣除的捐赠额"：填写按照《个人所得税法》及其他法律法规规定的可以在税前扣除的捐赠额。

（2）"减免税额"：填写符合税法规定可以减免的税额，包括：①残疾、孤老人员和烈属的所得；②因自然灾害遭受重大损失的；③国务院规定的其他减税情形。

（二）注意事项

中央企业负责人取得年度绩效薪金延期兑现收入和任期奖励，符合《国家税务总局关于中央企业负责人年度绩效薪金延期兑现收入和任期奖励征收个人所得税问题的通知》（国税发〔2007〕118号）文件规定的，不并入当年综合所得，以全年一次性奖金收入除以12个月得到的数额，按照按月换算后的综合所得税率表，确定适用税率和速算扣除数，单独计算纳税，也可以选择并入当年综合所得计算纳税。

05 任务五 单位低价向职工售房业务处理

📖 任务描述

根据单位按低于购置或建造成本价格出售住房给职工的相关资料，准确计算单位低价向职工售房时应扣缴的个人所得税，并在自然人电子税务局熟练完成单位低价向职工售房项目个人所得税的填报。

🔔 技能要求

1. 能熟练完成单位低价向职工售房时产生的个人所得税应纳税额的计算。
2. 能在自然人电子税务局熟练办理单位低价向职工售房项目的单个和批量填报。
3. 会熟练办理单个或批量的单位低价向职工售房项目信息的修改、删除及查询。

📇 案例情景

浙江乐家乐房地产有限公司于2022年1月低价向职工售房。

资料1：低价购房职工基础信息（见表1-15）

表1-15 低价购房职工基础信息表

姓 名	性 别	身份证号	手机号码	任职受雇从业类型	任职受雇日期	国籍（地区）
唐 青	女	14010819840818××××	1527833××××	雇员	2010-09-12	中国
张伟民	男	21010519720105××××	1883902××××	雇员	2010-02-05	中国

资料2：2022年1月低价购房职工正常工资薪金发放（见表1-16）

表1-16 2022年1月低价购房职工正常工资薪金发放表 （单位：元）

姓 名	应发工资合计	基本养老保险金	基本医疗保险金	失业保险金	住房公积金
唐 青	18 000	475	129	30	1 800
张伟民	14 300	475	129	30	1 430

资料3：员工低价购房资料

2017年5月，浙江乐家乐房地产有限公司建造了一幢住宅楼，建造成本15 000元/平方米，对外销售价为19 000元/平方米；由于乐家乐房地产公司房产滞销，2022年1月，为缓解资金紧张局面，公司决定根据不同职级和工龄向公司内部职工优惠销售此住宅楼。

（1）唐青是公司副总经理，根据唐青的职级可以以10 000元/平方米购买其中一套120平方米的住房，2022年1月2日唐青购买住房并办理了房产证过户手续。

（2）张伟民是公司普通员工，有10年以上工龄，可以按正常销售价格的60%购买一套100平方米的住房，2022年1月17日张伟民购买住房并办理了房产证过户手续。

一、业务要求和业务要点

（一）业务要求

（1）对唐青等两位从单位取得工资薪金所得及低价购房时产生的个人所得税应纳税所得额进行准确计算。

（2）初步完成职工工资薪金所得、单位低价向职工售房时应扣缴的个人所得税的计算。

（3）在自然人电子税务局熟练完成职工工资薪金所得、单位低价向职工售房项目的单个和批量填报。

（4）能够使用自然人电子税务局进行职工工资薪金所得、单位低价向职工售房项目相关信息的修改、删除及查询，包括查询、删除、单个修改或批量修改具体人员的领取填报信息。

（5）完成职工工资薪金所得、单位低价向职工售房项目申报，发送申报表，完成个人所得税的扣缴。

（二）业务要点

1. 单位低价向职工售房时的个人所得税的处理

一些企事业单位将自建住房以低于购置或建造成本价格销售给职工，分两种情形进行处理，具体见表1-17。

表1-17　单位低价向职工售房个人所得税处理

序　号	背　景	单位售房价格	差　价	个人所得税处理
1	在住房制度改革期间	按照所在地县级以上人民政府规定的房改成本价格向职工出售公有住房	职工实际支付的购房价款与该房屋的购置或建造成本价格的差额	免征
2	非住房制度改革期间	按低于购置或建造成本价格出售住房给职工		（1）2018年12月31日以前，比照全年一次性奖金计税 （2）2019年1月1日以后，不并入综合所得，单独计税

☆ 提示

职工取得低价房的差价部分，不并入当年的综合所得，以差价收入除以12得到的数额，按换算成月的综合所得税率表确定适用税率和速算扣除数，单独计算纳税。

应纳税额＝职工实际支付的购房价款低于该房屋的购置或建造成本价格的差额×适用税率－速算扣除数

2. 综合所得税率表（见表1-18）及综合所得月度税率表（见表1-19）

表1-18　综合所得税率表

级　数	全年应纳税所得额	税率（%）	速算扣除数（元）
1	不超过36 000元的	3	0
2	超过36 000元至144 000元的部分	10	2 520
3	超过144 000元至300 000元的部分	20	16 920
4	超过300 000元至420 000元的部分	25	31 920
5	超过420 000元至660 000元的部分	30	52 920
6	超过660 000元至960 000元的部分	35	85 920
7	超过960 000元的部分	45	181 920

表1-19　综合所得月度税率表

级　数	全月应纳税所得额	税率（%）	速算扣除数（元）
1	不超过3 000元的	3	0
2	超过3 000元至12 000元的部分	10	210
3	超过12 000元至25 000元的部分	20	1 410
4	超过25 000元至35 000元的部分	25	2 660
5	超过35 000元至55 000元的部分	30	4 410
6	超过55 000元至80 000元的部分	35	7 160
7	超过80 000元的部分	45	15 160

二、业务流程和实务操作

（一）业务流程（见图1-31）

图1-31　单位低价向职工售房个人所得税申报流程

（二）实务操作

1. 工资薪金所得、单位低价向职工售房个人所得税扣缴税额的计算

（1）唐青工资薪金所得预扣预缴个人所得税=（18 000-5 000-475-129-30-1 800）×3%=316.98（元）。

唐青从单位低价购房应缴个人所得税=[（15 000-10 000）×120]×30%-4 410=175 590（元）。

（2）张伟民工资薪金所得预扣预缴个人所得税=（14 300-5 000-475-129-30-1 430）×3%=217.08（元）。

张伟民从单位低价购房应缴个人所得税=[（15 000 − 19 000×60%）×100] × 25% − 2 660 = 87 340（元）。

2. 职工工资薪金所得、单位低价向职工售房个人所得税的填报

（1）填写工资薪金所得信息，如图1-32和图1-33所示。

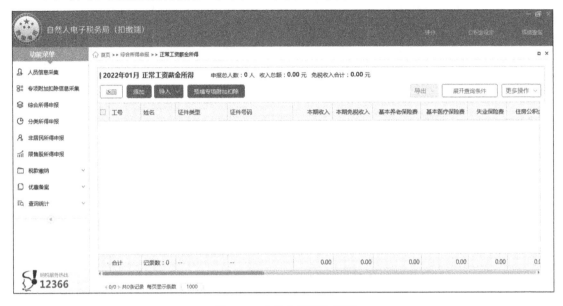

图1-32　人员信息采集界面

图1-33　工资薪金所得信息填写界面

（2）填写单位低价向职工售房个人所得税信息，如图1-34所示。

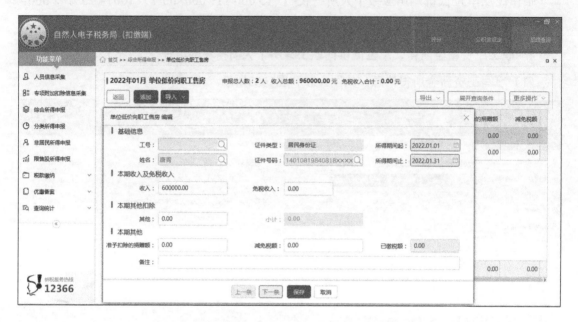

图1-34　单位低价向职工售房个人所得税信息填写界面

（3）税款计算。选择"在线算税"方式进行税款计算，单击【税款计算】按钮，每个人员的累计应纳税所得额、累计应纳税额、应补（退）税额等会自动生成，如图1-35和图1-36所示。

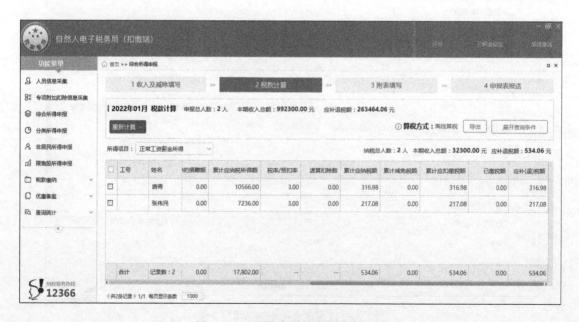

图1-35　工资薪金所得税款计算界面

图1-36 单位低价向职工售房个人所得税款计算界面

（4）审核并进行申报表报送。审核申报人数、应纳税额等信息，如果准确无误，则单击【发送申报】按钮，然后获取反馈，完成工资薪金所得、单位低价向职工售房个人所得税项目申报，如图1-37所示。若有错误可通过【更正申报】进行处理，若已获取反馈则需进行申报作废操作。

图1-37 申报表报送界面

（5）税款缴纳。申报成功后，单击【税款缴纳】，进行三方协议缴税。单击【立即缴款】，完成税款缴纳，如图1-38所示。

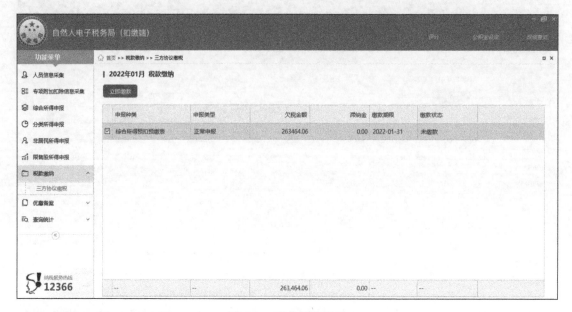

图1-38　税款缴纳界面

三、填表说明及注意事项

（一）填表说明

1. 本期收入及免税收入

（1）"收入"：填写当月单位以低于购置或建造成本价格出售住房给职工，职工因此而少支出的差价部分。

（2）"免税收入"：填写按照《个人所得税法》及其他法律法规规定的免税收入金额。

2. 本期其他扣除

"其他"：填写按照《个人所得税法》及其他法律法规规定的其他可税前扣除金额。

3. 本期其他

（1）"准予扣除的捐赠额"：填写按照《个人所得税法》及其他法律法规规定，可以在税前扣除的捐赠额。

（2）"减免税额"：填写符合税法规定可以减免的税额，包括：①残疾、孤老人员和烈属的所得；②因自然灾害遭受重大损失的；③国务院规定的其他减税情形。

（二）注意事项

单位低价向职工售房个人所得税适用税率按照应纳税所得额除以12得到的数额计算，适用月度税率表对应的税率。

任务六 提前退休一次性补贴收入业务处理

任务描述

根据企业员工提前退休取得一次性补贴收入的相关明细资料，准确计算提前退休取得一次性补贴收入个人所得税，并在自然人电子税务局熟练完成提前退休取得一次性补贴收入个人所得税的填报。

技能要求

1. 能熟练完成企业员工提前退休取得一次性补贴收入个人所得税应纳税额的计算。
2. 能在自然人电子税务局熟练办理提前退休一次性补贴收入项目的单个和批量填报。
3. 会熟练办理单个或批量的企业员工提前退休一次性补贴收入项目信息的修改、删除及查询。

案例情景

2022年1月，浙江优贝食品制造有限公司为公司三名员工办理提前退休手续，并支付其相应的一次性补贴。

资料1：提前退休员工基础信息（见表1-20）

表1-20 提前退休员工基础信息表

姓　名	性　别	身 份 证 号	手 机 号 码	任职受雇从业类型	任职受雇日期	国籍（地区）
周国民	男	21010519630328××××	1884617××××	雇员	1999-02-16	中国
唐心玲	女	36010519700202××××	1512885××××	雇员	2000-08-08	中国
王伟奇	男	33010619640902××××	1326800××××	雇员	1998-11-05	中国

资料2：2022年1月提前退休员工正常工资薪金发放（见表1-21）

表1-21 2022年1月提前退休员工正常工资薪金发放表 （单位：元）

姓　名	应发工资合计	基本养老保险金	基本医疗保险金	失业保险金	住房公积金
周国民	21 500	720	180	45	2 150
唐心玲	20 600	720	180	45	2 060
王伟奇	22 000	720	180	45	2 200

资料3：员工提前退休取得一次性补贴收入情况

（1）周国民在公司任职22年，符合工作年限满20年且距法定退休年龄小于5年（含5年）可以提前退休的条件，于2022年1月办理提前退休手续（距离法定退休年龄还有2年）并取得按照统一标准发放的一次性补贴收入200 000元。

（2）唐心玲在公司任职21年，符合工作年限满20年且距法定退休年龄小于5年（含5年）可以提前退休的条件，于2022年1月办理提前退休手续（距离法定退休年龄还有4年）并取得一次性补贴收入300 000元。

（3）王伟奇在公司任职23年，符合工作年限满20年且距法定退休年龄小于5年（含5年）可以提前退休的条件。2022年1月，王伟奇办理提前退休手续（距离法定退休年龄还有2年3个月），公司按照规定给予王伟奇提前退休一次性补贴360 000元。

一、业务要求和业务要点

（一）业务要求

（1）对周国民等三位员工取得提前退休一次性补贴收入时产生的个人所得税应纳税所得额进行准确计算。

（2）初步完成三位员工提前退休取得一次性补贴收入时应扣缴的个人所得税的计算。

（3）在自然人电子税务局熟练完成工资薪金所得、提前退休一次性补贴收入项目的单个和批量填报。

（4）能够使用自然人电子税务局进行工资薪金所得、提前退休一次性补贴收入项目相关信息的修改、删除及查询，包括查询或删除具体人员的领取填报信息、单个修改或批量修改具体人员的领取填报信息。

（5）完成工资薪金所得、提前退休一次性补贴收入项目申报，发送申报表，完成个人所得税的扣缴。

（二）业务要点

1. 企业员工提前退休一次性补贴收入时的个人所得税的处理

个人因办理提前退休手续而取得的一次性补贴收入，征税方法见表1-22。

表1-22　提前退休一次性补贴收入的征税方法

事　项	计　算　公　式	税率和速算扣除数	征税方法
提前退休取得一次性补贴	应纳税额=｛[（一次性补贴收入÷办理提前退休手续至法定退休年龄的实际年度数）−费用扣除标准]×适用税率−速算扣除数｝×办理提前退休手续至法定退休年龄的实际年度数	（1）提前退休手续至法定离退休年龄之间实际年度数平均分摊（2）适用综合所得税率表	不并入综合所得单独计算纳税

2. 综合所得税率表（见表1-23）

表1-23 综合所得税率表

级 数	全年应纳税所得额	税率（%）	速算扣除数（元）
1	不超过36 000元的	3	0
2	超过36 000元至144 000元的部分	10	2 520
3	超过144 000元至300 000元的部分	20	16 920
4	超过300 000元至420 000元的部分	25	31 920
5	超过420 000元至660 000元的部分	30	52 920
6	超过660 000元至960 000元的部分	35	85 920
7	超过960 000元的部分	45	181 920

二、业务流程和实务操作

（一）业务流程（见图1-39）

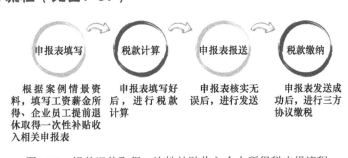

图1-39 提前退休取得一次性补贴收入个人所得税申报流程

（二）实务操作

1. 工资薪金所得、提前退休一次性补贴收入个人所得税扣缴税额的计算

（1）周国民工资薪金所得预扣预缴个人所得税=（21 500-5 000-720-180-45-2 150）×3%=402.15（元）。

周国民取得提前退休一次性补贴收入应扣缴个人所得税税额={［（200 000÷2）-60 000］×10%-2 520}×2=2 960（元）。

（2）唐心玲工资薪金所得预扣预缴个人所得税=（20 600-5 000-720-180-45-2 060）×3%=377.85（元）。

唐心玲取得提前退休一次性补贴收入应扣缴个人所得税税额=［（300 000÷4）-600 00］×3%×4=1 800（元）。

（3）王伟奇工资薪金所得预扣预缴个人所得税=（22 000-5 000-720-180-45-2 200）×3%=415.65（元）。

王伟奇取得提前退休一次性补贴收入应扣缴个人所得税税额={［（360 000÷3）-60 000］×10%-2 520}×3=10 440（元）。

2. 工资薪金所得、提前退休一次性补贴收入个人所得税的填报

（1）填写工资薪金所得信息，如图1-40和图1-41所示。

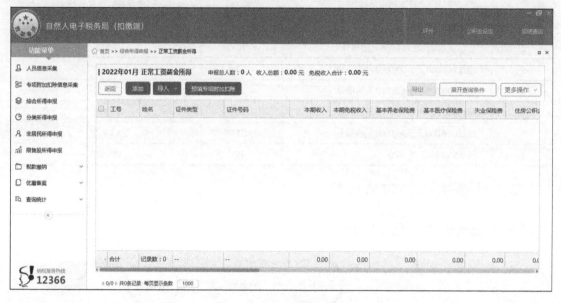

图1-40 人员信息采集界面

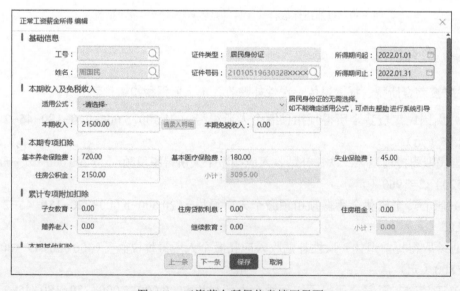

图1-41 工资薪金所得信息填写界面

（2）填写企业员工提前退休一次性补贴收入信息，如图1-42所示。

图1-42 提前退休取得一次性补贴收入信息填写界面

（3）税款计算。选择"在线算税"方式进行税款计算，单击【税款计算】按钮，每个人员的累计应纳税所得额、累计应纳税额、应补（退）税额等会自动生成，如图1-43和图1-44所示。

图1-43 工资薪金所得税款计算界面

图1-44　提前退休取得一次性补贴收入税款计算界面

（4）审核并进行申报表报送。审核申报人数、应纳税额等信息，如果准确无误，则单击【发送申报】按钮，然后获取反馈，完成工资薪金所得、企业员工提前退休取得一次性补贴收入个人所得税项目申报，如图1-45所示。若有错误可通过【更正申报】进行处理，若已获取反馈则需进行申报作废操作。

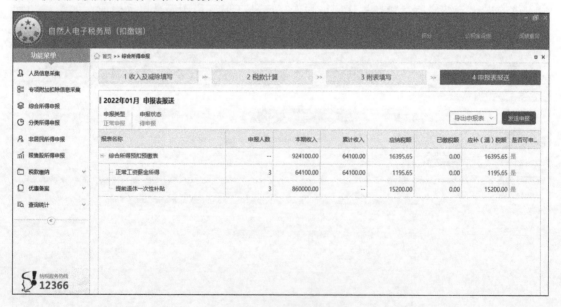

图1-45　申报表报送界面

（5）税款缴纳。申报成功后，单击【税款缴纳】，进行三方协议缴税。单击【立即缴款】，完成税款缴纳，如图1-46所示。

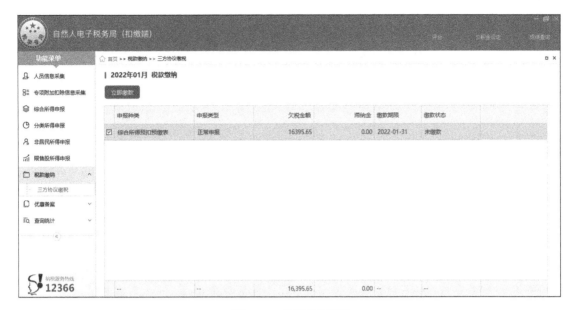

图1-46　税款缴纳界面

三、填表说明及注意事项

（一）填表说明

1. 本期收入及免税收入

（1）"一次性补贴收入"：填写对未达到法定退休年龄、正式办理提前退休手续，按照统一标准取得的一次性补贴收入。

（2）"免税收入"：填写按照《个人所得税法》及其他法律法规规定的免税收入金额。

2. 扣除及减除

（1）"年均减除费用"：年均减除费用以60 000元为标准。

（2）"分摊年度数"：填写个人提前办理退休手续至法定退休年龄的年数，须填整数，其中不满一年的按一年算。

（3）"减除费用"：填写根据年均减除费用乘以分摊年度数计算后的值。

（4）"其他"：填写按照《个人所得税法》及其他法律法规规定的其他可税前扣除金额。

3. 本期其他

（1）"准予扣除的捐赠额"：填写按照《个人所得税法》及其他法律法规规定，可以在税前扣除的捐赠额。

（2）"减免税额"：填写符合税法规定可以减免的税额，包括：①残疾、孤老人员和烈属的所得；②因自然灾害遭受重大损失的；③国务院规定的其他减税情形。

（二）注意事项

提前退休一次性补贴填报中的"分摊年度数"：办理提前退休手续至法定退休年龄的实际年度数，不满一年按一年计算。

07 任务七　个人股权激励收入业务处理

📖 任务描述

根据居民个人取得的股权激励收入相关明细资料，准确计算居民个人股权激励收入个人所得税，并在自然人电子税务局熟练完成居民个人股权激励收入个人所得税的填报。

🔔 技能要求

1. 能熟练完成居民个人股权激励收入个人所得税应纳税额的计算。
2. 能在自然人电子税务局熟练办理居民个人股权激励收入项目的单个和批量填报。
3. 会熟练办理单个或批量的居民个人股权激励收入项目信息的修改、删除及查询。

🚃 案例情景1

2022年1月，国内上市公司乐财集团股份有限公司发放员工个人股权激励收入。

资料1：取得股权激励收入员工基础信息（见表1-24）

表1-24　取得股权激励收入员工基础信息表

姓　名	性　别	身份证号	手机号码	任职受雇从业类型	任职受雇日期	国籍（地区）
何方一	男	33010619800502××××	1884017××××	雇员	2016-03-26	中国
谢明鑫	男	22010519850115××××	1525810××××	雇员	2017-10-08	中国
吴　睿	男	33011119880913××××	1332306××××	雇员	2021-02-20	中国

资料2：2022年1月取得股权激励收入员工正常工资薪金发放（见表1-25）

表1-25　2022年1月取得股权激励收入员工正常工资薪金发放表　　（单位：元）

姓　名	应发工资合计	基本养老保险金	基本医疗保险金	失业保险金	住房公积金
何方一	36 620.00	2 929.60	732.40	183.10	3 662.00
谢明鑫	27 750.00	2 220.00	555.00	138.75	2 775.00
吴　睿	25 140.00	2 011.20	502.80	125.70	2 514.00

资料3：居民员工个人取得股权激励收入的资料

（1）何方一是乐财集团总经理，2017年1月1日与公司签订股票期权计划约定，自2022年1月1日起，何方一可以按照每股10元购买公司股票10万股。2022年1月1日，何方一行权，购买10万股股票，支付100万元，乐财集团当日股票市场价格是25元/股。

（2）谢明鑫是乐财集团副总经理，2020年1月1日乐财集团实行股权激励计划，定向增发限制性股票100万股授予公司高级管理人员，股票登记日该股票市场价格为10元/股，增发价格为5元/股。谢明鑫与公司签订限制性股票计划，取得限制性股票激励10万股。

2022年1月1日，乐财集团限制性股票解禁50万股（含谢明鑫5万股），股票当日市价为15元/股。

（3）2021年1月10日，乐财集团实行股权激励计划，授予高级管理人员50万份股票增值权，激励计划首次公告前30个交易日，公司股票平均收盘价为10元/股（基准价）。激励计划约定，自2021年1月1日起，在授权日后的36个月内，每12个月可以执行一次股票增值权。若执行日前30个交易日公司股票的平均收盘价（执行价）高于基准价，则每份股票增值权可获得每股价差收益。

吴睿是乐财集团财务经理，本次激励计划获得5万份股票增值权，2022年1月10日的执行价为22元/股。

案例情景2

2019年1月3日，浙江安迅软件有限公司（非上市公司）授予其公司总经理钟林（性别：男；身份证号：33010419820818××××；手机号码：1773017××××；任职受雇从业类型：雇员；任职受雇日期：2018-06-12）10万股股权奖励，并与钟林签订股权奖励计划，约定2022年1月3日起，钟林可以1元/股的价格购买公司股权20万股。2022年1月3日，该公司股票的市场价格是21元/股，钟林当日行权。假设股权奖励计划不满足递延纳税条件。

2022年1月，钟林从公司取得工资薪金25 000元，缴纳基本养老保险2 000元，基本医疗保险500元，失业保险125元，住房公积金2 500元。假定钟林没有其他收入且无专项附加扣除及其他扣除项目。

一、业务要求和业务要点

（一）业务要求

（1）对何方一等多位员工取得居民个人股权激励收入时产生的个人所得税应纳税所得额进行准确计算。

（2）初步完成多位员工取得居民个人股权激励收入时应扣缴的个人所得税的计算。

（3）在自然人电子税务局熟练完成工资薪金所得、居民个人股权激励收入项目的单个和批量填报。

（4）能够使用自然人电子税务局进行工资薪金所得、居民个人股权激励收入项目相关信息的修改、删除及查询，包括查询、删除、单个修改或批量修改具体人员的领取填报信息。

（5）完成工资薪金所得、居民个人股权激励收入个人所得税项目申报，发送申报表，完成个人所得税的扣缴。

（二）业务要点

1. 上市公司员工取得股票期权股权激励收入时的个人所得税的处理

企业员工股票期权（以下简称"股票期权"）是指上市公司按照规定的程序授予本公司及其控股企业员工的一项权利，该权利允许被授权员工在未来时间内以某一特定价格购买本公司一定数量的股票。

上述"某一特定价格"被称为"授予价"或"施权价"，即根据股票期权计划可以购买股票的价格，一般为股票期权授予日的市场价格或该价格的折扣价格，也可以是按照事先设定的计算方法约定的价格。

实施股票期权计划企业授予该企业员工的股票期权所得，其个人所得税的处理见表1-26。

表1-26 上市公司员工取得的股票期权股权激励的个人所得税处理

项 目			征 税 规 定		适 用 范 围	税 收 优 惠
员工取得股票期权	非可公开交易的股票期权	授予日	不作为应税所得征税	按"工资、薪金所得"计缴：（1）在2021年12月31日前，不并入当年综合所得，全额单独适用综合所得税率表，计算纳税。（2）居民个人一个纳税年度内取得两次以上（含两次）股权激励的，应合并计算纳税。（3）单独计税优惠政策，执行期限延长至2022年12月31日	适用于上市公司（含所属分支机构）和上市公司控股企业的员工：（1）上市公司占控股企业股份比例最低为30%（2）间接持股比例按各层持股比例相乘计算，上市公司对一级子公司持股比例超过50%的按100%计算	（1）个人可自股票期权行权之日起，在不超过12个月的期限内缴纳个人所得税（2）上市公司应自股票期权行权获得之次月15日内，向主管税务机关报送《上市公司股权激励个人所得税延期纳税备案表》（3）上市公司初次办理股权激励备案时，还应一并向主管税务机关报送股权激励计划、董事会或股东大会决议
		行权日	实际购买价低于购买日公平市场价的差额			
		在行权日之前将股票期权转让	股票期权的转让净收入			
	可公开交易的股票期权	授予日	授权日股票期权的市场价格			
			以折价购入方式取得的，以授予日的市场价格扣除折价购入股票期权时实际支付的价款后的余额			
		行权日	不再计算缴纳个人所得税			

注：1. "授予日"，也称"授权日"，是指公司授予员工股票期权权利的日期。

　　2. "行权"，也称"执行"，是指员工根据股票期权计划选择购买股票的过程；员工行使权利的当日为"行权日"，也称"购买日"。

　　3. 上市公司股票的公平市场价格，按照取得股票当日的收盘价确定。取得股票当日为非交易时间的，按照上一个交易日收盘价确定。

　　4. "工资、薪金所得"计缴税额计算公式为：应纳税额=股权激励收入×适用税率-速算扣除数。

2. 上市公司员工取得限制性股票激励收入时的个人所得税的处理

限制性股票，是指上市公司按照股权激励计划约定的条件，授予公司员工一定数量本公司的股票。对于个人从上市公司（含境内、外上市公司）取得的限制性股票所得，应按照"工资、薪金所得"项目，由上市公司或其境内机构依法扣缴个人所得税。此项个人所得税的处理见表1-27。

表1-27 上市公司员工取得的限制性股票激励的个人所得税处理

要　　素		内　　容
征税项目		个人从上市公司（含境内、外上市公司，下同）取得的限制性股票所得
税务处理	应纳税所得额	（股票登记日股票市价+本批次解禁股票当日市价）÷2×本批次解禁股票份数−被激励对象实际支付的资金总额×（本批次解禁股票份数÷被激励对象获取的限制性股票总份数）
		被激励对象为缴纳个人所得税款而出售股票，其出售价格与原计税价格不一致的，按原计税价格计算其应纳税所得额和税额
	应纳税额计算	按"工资、薪金所得"计缴： （1）2021年12月31日前，不并入当年综合所得，全额单独适用综合所得税率表计算 （2）居民个人一个纳税年度内取得两次以上（含两次）股权激励的，应合并计算纳税 （3）单独计税优惠政策，执行期限延长至2022年12月31日
纳税义务发生时间		每一批次限制性股票解禁的日期
适用范围		适用于上市公司（含所属分支机构）和上市公司控股企业的员工： （1）上市公司占控股企业股份比例最低为30% （2）间接持股比例按各层持股比例相乘计算，上市公司对一级子公司持股比例超过50%的按100%计算
延期纳税优惠		经向主管税务机关备案，个人可自限制性股票解禁之日起，在不超过12个月的期限内缴纳个人所得税

3. 上市公司员工取得股票增值权激励收入时的个人所得税的处理

股票增值权，是指上市公司授予公司员工在未来一定时期和约定条件下，获得规定数量的股票价格上升所带来收益的权利。个人因任职、受雇从上市公司取得的股票增值权所得，由上市公司或其境内机构按照"工资、薪金所得"项目依法扣缴其个人所得税，税务处理要点见表1-28。

表1-28 上市公司员工取得股票增值权激励收入时的个人所得税处理

要　　素		内　　容
征税项目		个人从上市公司（含境内、外上市公司，下同）取得的股票增值权所得
税务处理	应纳税所得额	（行权日股票价格−授权日股票价格）×行权股票份数
	应纳税额计算	按"工资、薪金所得"计缴： （1）2021年12月31日前，不并入当年综合所得，全额单独适用综合所得税率表计算 （2）居民个人一个纳税年度内取得两次以上（含两次）股权激励的，应合并计算纳税 （3）单独计税优惠政策，执行期限延长至2022年12月31日
纳税义务发生时间		上市公司向被授权人兑现股票增值权所得的日期
适用范围		适用于上市公司（含所属分支机构）和上市公司控股企业的员工： （1）上市公司占控股企业股份比例最低为30% （2）间接持股比例按各层持股比例相乘计算，上市公司对一级子公司持股比例超过50%的按100%计算
延期纳税优惠		经向主管税务机关备案，个人可自限制性股票解禁之日起，在不超过12个月的期限内缴纳个人所得税

4. 非上市公司员工取得股权激励收入时的个人所得税的处理

非上市公司（包含全国中小企业股份转让系统挂牌公司）授予本公司员工的股权激励，包括股票期权、股权期权、限制性股票和股票增值权等，其个人所得税处理见表1-29。

表1-29　非上市公司员工取得的股权激励收入时的个人所得税处理

事　　　项		政　策　规　定
非上市公司股权激励的类型	股票（权）期权	公司给予激励对象在一定期限内以事先约定的价格购买本公司股票（权）的权利
	限制性股票	公司按照预先确定的条件授予激励对象一定数量的本公司股票，激励对象只有工作年限或业绩目标符合股权激励计划规定条件的才可以处置该股票
	股票增值权	公司授予激励对象的一种权利，若公司股价上升，可通过行权获得相应数量的股价升值收益
税务处理	符合递延纳税条件　在取得股权激励时	经向主管税务机关备案，可实行递延纳税政策 暂不纳税，递延至转让该股权时纳税
	符合递延纳税条件　股权转让时	股权转让收入减除股权取得成本以及合理税费后的差额，适用"财产转让所得"项目，按照20%的税率计缴个人所得税
	不符合递延纳税条件　获得股票（权）时对实际出资额低于公平市场价格的差额	按"工资、薪金所得"计缴： （1）2021年12月31日前，不并入当年综合所得，全额单独适用综合所得税率表计算 （2）居民个人一个纳税年度内取得两次及以上（含两次）股权激励的，合并纳税 （3）单独计税优惠政策，执行期限延长至2022年12月31日

5. 综合所得税率表（见表1-30）

表1-30　综合所得税率表

级　　数	全年应纳税所得额	税率（%）	速算扣除数（元）
1	不超过36 000元的	3	0
2	超过36 000元至144 000元的部分	10	2 520
3	超过144 000元至300 000元的部分	20	16 920
4	超过300 000元至420 000元的部分	25	31 920
5	超过420 000元至660 000元的部分	30	52 920
6	超过660 000元至960 000元的部分	35	85 920
7	超过960 000元的部分	45	181 920

二、业务流程和实务操作

（一）业务流程（见图1-47）

申报表填写　　税款计算　　申报表报送　　税款缴纳

根据案例情景资料，填写工资薪金所得、居民个人股权激励收入个人所得税相关申报表

申报表填写好后，进行税款计算

申报表核实无误后，进行发送

申报表发送成功后，进行三方协议缴税

图1-47　居民个人股权激励收入个人所得税申报流程

（二）实务操作

1. 工资薪金所得、上市公司员工个人股权激励收入个人所得税扣缴税额的计算

（1）何方一工资薪金所得预扣预缴个人所得税=（36 620-5 000-2 929.6-732.4-183.1-3 662）×3%=723.39（元）。

何方一取得个人股权激励收入，在行权日（2022年1月1日）发生纳税义务。其应缴个人所得税计算如下：

应纳税所得额=（行权股票每股市场价格-员工取得股票期权支付的每股价格）×股票数量=（25-10）×100 000=1 500 000（元）。

应纳个人所得税=1 500 000×45%-181 920=493 080（元）。

（2）谢明鑫工资薪金所得预扣预缴个人所得税=（27 750-5 000-2 220-555-138.75-2 775）×3%=511.84（元）。

谢明鑫取得的限制性股票激励，于每一批次限制性股票解禁的日期发生纳税义务。谢明鑫取得个人股权激励收入应缴个人所得税计算如下：

应纳税所得额=（股票登记日股票市价+本批次解禁股票当日市价）÷2×本批次解禁股票份数-被激励对象实际支付的资金总额×（本批次解禁股票份数÷被激励对象获取的限制性股票总份数）=（10+15）÷2×50 000-5×100 000×（500 000÷1 000 000）=375 000（元）。

应纳个人所得税=375 000×25%-31 920=61 830（元）。

（3）吴睿工资薪金所得预扣预缴个人所得税=（25 140-5 000-2 011.2-502.8-125.7-2 514）×3%=449.59（元）。

吴睿取得的股票增值权激励，于执行股票增值权时发生纳税义务。吴睿取得个人股权激励收入应缴个人所得税计算如下：

应纳税所得额=（行权日股票价格-授权日股票价格）×行权股票份数=（22-10）×50 000=600 000（元）。

应纳个人所得税=600 000×30%-52 920=127 080（元）。

2. 工资薪金所得、非上市公司员工个人股权激励收入个人所得税扣缴税额的计算

钟林工资薪金所得预扣预缴个人所得税=（25 000-5 000-2 000-500-125-2 500）×3%=446.25（元）。

钟林取得个人股权激励收入应缴个人所得税计算如下：

2022年1月3日取得股权时应纳税所得额=（购买日每股市场价格-实际支付价格）×股票数量=（21-1）×100 000=2 000 000（元）。

应纳个人所得税=2 000 000×45%-181 920=718 080（元）。

3. 工资薪金所得、居民个人股权激励收入个人所得税的填报

（1）填写工资薪金所得信息，如图1-48和图1-49所示。

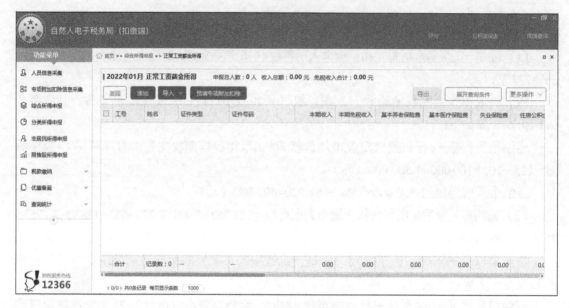

图1-48　人员信息采集界面

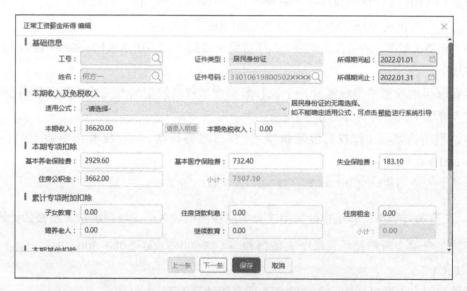

图1-49　工资薪金所得信息填写界面

（2）填写居民个人股权激励收入个人所得税信息。如图1-50所示。

（3）税款计算。选择"在线算税"方式进行税款计算，单击【税款计算】按钮，每个人员的累计应纳税所得额、累计应纳税额、应补（退）税额等会自动生成，如图1-51和图1-52所示。

（4）审核并进行申报表报送。审核申报人数、应纳税额等信息，如果准确无误，则单击【发送申报】按钮，然后获取反馈，完成工资薪金所得、居民个人股权激励收入个人所得税项目申报，如图1-53所示。若有错误可通过【更正申报】进行处理，若已获取反馈则需进行申报作废操作。

图1-50 居民个人股权激励收入个人所得税填写界面

图1-51 工资薪金所得税款计算界面

图1-52 居民个人股权激励收入个人所得税款计算界面

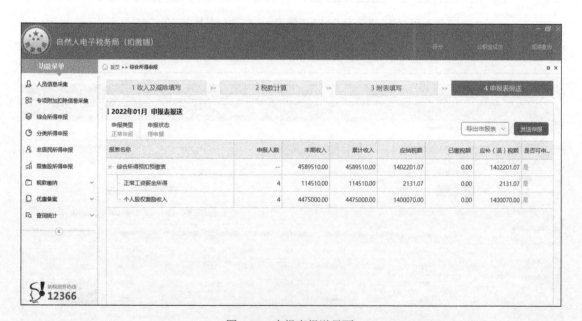

图1-53 申报表报送界面

（5）税款缴纳。申报成功后，单击【税款缴纳】，进行三方协议缴税。单击【立即缴款】，完成税款缴纳，如图1-54所示。

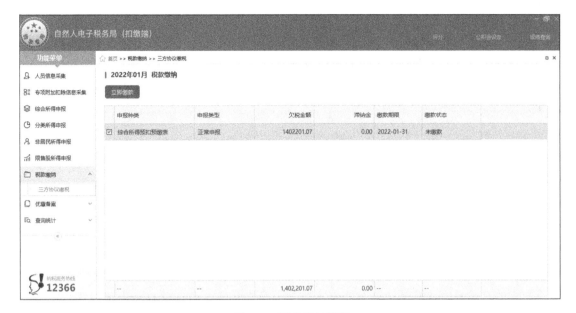

图1-54 税款缴纳界面

三、填表说明及注意事项

（一）填表说明

1. 本期收入及免税收入

（1）"本月股权激励收入"：填写本月所有股权激励收入之和。

（2）本年累计股权激励收入（不含本月）：填写本年不含本月的所有股权激励收入之和。

（3）"本年累计免税收入"：填写按照《个人所得税法》及其他法律法规规定的免税收入金额。

2. 扣除及减除

（1）"本年累计其他"：填写按照《个人所得税法》及其他法律法规规定的其他可税前扣除金额。

（2）"本年累计准予扣除的捐赠额"：填写按照《个人所得税法》及其他法律法规规定的可以在税前扣除的捐赠额。

3. 其他

（1）"本年累计减免税额"：填写符合税法规定可以减免的税额，包括：①残疾、孤老人员和烈属的所得；②因自然灾害遭受重大损失的；③国务院规定的其他减税情形。

（2）"本年累计已缴税额"：填写本年累计已扣缴税额。

（二）注意事项

（1）"适用公式"：根据实际情况选择，若不能确定适用公式，可单击右侧的【帮助】根据系统引导提示选择。

（2）"本月股权激励收入"：未选择"适用公式"或选择"公式（5）"时直接录入，其他情形则通过点击【请录入明细】填写相关数据。

（3）"本年累计股权激励收入（不含本月）"：本年不含本月的所有股权激励收入之和。

任务八　科技成果转化现金奖励业务处理

📖 任务描述

根据科技人员取得科技成果转化现金奖励相关资料，准确计算科技人员取得科技成果转化现金奖励个人所得税，并在自然人电子税务局熟练完成科技人员取得科技成果转化现金奖励个人所得税的填报。

🔔 技能要求

1. 能熟练完成科技人员取得科技成果转化现金奖励个人所得税应纳税额的计算。
2. 能在自然人电子税务局熟练办理科技人员取得科技成果转化现金奖励项目的填报。

📭 案例情景

周利民（性别：男；身份证号：31010619840712××××；手机号码：1352204××××；任职受雇从业类型：雇员；任职受雇日期：2019-11-20）是一家民办非营利性科研机构的技术人员，因其主要参与研发的某项专利已经对外签订了许可协议，中心每年可收到5 000 000元的许可费，其在专利许可使用期间，每月可以收到现金奖励50 000元。假定收到现金奖励符合享受"科技人员取得科技成功转化的现金奖励减按50%计入工资薪金"的适用条件。

2022年1月，周利民收到科技成果转化现金奖励50 000元，另取得工资薪金20 000元，假定其没有其他收入且无专项扣除、专项附加扣除及其他扣除项目。

一、业务要求和业务要点

（一）业务要求

（1）对科技人员周利民取得工资薪金所得、科技成果转化现金奖励时产生的个人所得税应纳税所得额进行准确计算。

（2）初步完成科技人员周利民取得工资薪金所得、科技成果转化现金奖励时应扣缴的个人所得税的计算。

（3）在自然人电子税务局熟练完成科技人员周利民取得工资薪金所得、科技成果转化现金奖励项目的填报。

（4）能够使用自然人电子税务局进行科技人员取得工资薪金所得、科技成果转化现金奖励项目相关信息的修改、删除及查询。

（5）完成科技人员取得工资薪金所得、科技成果转化现金奖励项目申报，发送申报表，完成个人所得税的扣缴。

（二）业务要点

1. 科技人员取得科技成果转化现金奖励时的个人所得税的处理

自2018年7月1日起，依法批准设立的非营利性研究开发机构和高等学校（以下简称非营利性科研机构和高校）根据《中华人民共和国促进科技成果转化法》规定，从职务科技成果转化收入中给予科技人员的现金奖励，可减按50%计入科技人员当月"工资、薪金所得"，依法缴纳个人所得税。享受优惠的适用条件见表1-31。

表1-31　科技人员取得科技成果转化的现金奖励减按50%计入工资薪金的适用条件

项　　目			要　　求	说　　明
非营利性科研机构和高校	国家设立		国家设立的科研机构和高校是指利用财政性资金设立的、取得《事业单位法人证书》的中央和地方所属科研机构及国家高校	无
	民办	民办非营利性科研机构	1. 根据《中华人民共和国民办非企业单位登记管理暂行条例》在民政部门登记，并取得"民办非企业单位登记证书" 2. 经认定取得企业所得税非营利性组织免税资格取得教育主管部门颁发的"民办学校办学许可证"记载学校类型为"高等学校"	"民办非企业单位登记证书"记载的业务范围应属于"科学研究与技术开发、成功转让、科技咨询与服务、科技成功评估"范围
		民办高校	取得教育主管部门颁发的"民办学校办学许可证"且记载学校类型为"高等学校"	无
科技人员			非营利性科研机构和高校中对完成职务科技成果转化做出重要贡献的人员	应按规定公示有关科技人员名单及相关信息（国防专利转化除外），具体公示办法由科技部会同财政部、税务总局制定
科技成果			专利技术（含国防专利）、计算机软件著作权、集成电路布图设计专有权、植物新品种权、生物医药新品种，以及科技部、财政部、税务总局确定的其他技术成果	无
科技成果转化			非营利性科研机构和高校向其他人转让科技成果或者许可他人使用科技成果	应当签订技术合同，并根据《技术合同认定登记管理办法》，在技术合同登记机构进行审核登记，并取得技术合同认定登记证明
现金奖励			非营利性科研机构和高校在取得科技成果转化收入3年（36个月）内奖励给科技人员的现金	不得将正常工资、薪金等收入列入科技人员职务科技成果转让现金奖励
施行时间			2018年7月1日起	施行前非营利性科研机构和高校取得的科技成果转化收入，自施行后36个月内给科技人员发放现金奖励

2. 科技人员名单及相关信息的公示

依据《科技部 财政部 税务总局关于科技人员取得职务科技成果转化现金奖励信息公示

办法的通知》（国科发政〔2018〕103号），科技成果完成单位应按规定对科技人员名单及相关信息进行公示，相关要求见表1-32。

表1-32　科技人员名单及相关信息的公示要求

项　　目	具 体 要 求
公示前期准备	科技成果完成单位要结合本单位科技成果转化工作实际，健全完善内控制度，明确公示工作的负责机构，制定公示办法，对公示内容、公示方式、公示范围、公示时限和公示异议处理程序等事项做出明确规定
公示内容	公示信息应当包含科技成果转化信息、奖励人员信息、现金奖励信息、技术合同登记信息、公示期限等内容
	科技成果转化信息包括转化的科技成果的名称、种类（专利、计算机软件著作权、集成电路布图设计专有权、植物新品种权、生物医药新品种及其他）、转化方式（转让、许可）、转化收入及取得时间等
	奖励人员信息包括获得现金奖励人员姓名、岗位职务、对完成和转化科技成果做出的贡献情况等
	现金奖励信息包括科技成果现金奖励总额、现金奖励发放时间等
	技术合同登记信息包括技术合同在技术合同登记机构的登记情况等
公示期限	公示期限不得低于15个工作日。公示期内如有异议，科技成果完成单位应及时受理，认真做好调查核实并公布调查结果
公示范围	公示范围应当覆盖科技成果完成单位，并保证单位内的员工能够以便捷的方式获取公示信息
公示责任	公示信息应真实、准确。科技成果完成单位发现存在提供虚假信息、伪造变造信息等情况的，应当对责任人严肃处理并在本单位公布处理结果
公示后续	科技成果完成单位应当在职务科技成果转化现金奖励发放前15个工作日内完成公示，并将公示信息结果和个人奖励数额形成书面文件留存备相关部门查验

3. 综合所得税率表（见表1-33）

表1-33　综合所得税率表

级　　数	全年应纳税所得额	税率（%）	速算扣除数（元）
1	不超过36 000元的	3	0
2	超过36 000元至144 000元的部分	10	2 520
3	超过144 000元至300 000元的部分	20	16 920
4	超过300 000元至420 000元的部分	25	31 920
5	超过420 000元至660 000元的部分	30	52 920
6	超过660 000元至960 000元的部分	35	85 920
7	超过960 000元的部分	45	181 920

二、业务流程和实务操作

（一）业务流程（见图1-55）

图1-55　科技人员取得工资薪金所得、科技成果转化现金奖励个人所得税申报流程

（二）实务操作

1. 工资薪金所得、科技人员取得科技成果转化现金奖励个人所得税扣缴税额的计算

科技人员周利民取得工资薪金所得、科技成果转化现金奖励个人所得税扣缴=[（20 000+50 000×50%）−5 000]×10%−2 520=1 480（元）。

2. 工资薪金所得、科技人员取得科技成果转化现金奖励个人所得税的填报

（1）填写工资薪金所得、科技人员取得科技成果转化现金奖励信息，如图1-56和图1-57所示。

图1-56　人员信息采集界面

图1-57　工资薪金所得信息填写界面

（2）税款计算。选择"在线算税"方式进行税款计算，单击【税款计算】按钮，每个人员的累计应纳税所得额、累计应纳税额、应补（退）税额等会自动生成，如图1-58所示。

图1-58　工资薪金所得税款计算界面

（3）附表填写。填写减免事项附表相关内容，如图1-59和图1-60所示。

图1-59　个人所得税减免事项附表填写界面

图1-60　减免事项附表填写完成界面

（4）审核并进行申报表报送。审核申报人数、应纳税额等信息，如果准确无误，则单击【发送申报】按钮，然后获取反馈，完成工资薪金所得、科技人员取得科技成果转化现金奖励个人所得税项目申报，如图1-61所示。若有错误可通过【更正申报】进行处理，若已获取反馈则需进行申报作废操作。

图1-61　申报表报送界面

（5）税款缴纳。申报成功后，单击【税款缴纳】，进行三方协议缴税。单击【立即缴款】，完成税款缴纳，如图1-62所示。

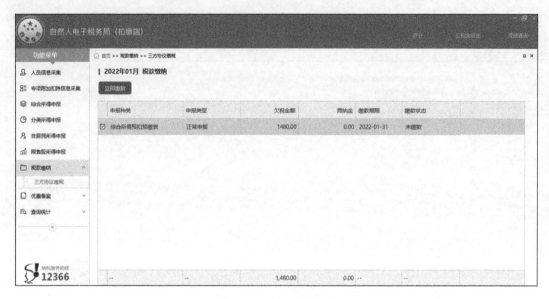

图1-62 税款缴纳界面

三、填表说明及注意事项

（一）填表说明

非营利性科研机构和高校向科技人员发放现金奖励，在填报"扣缴个人所得税报告表"时，应将当期现金奖励收入金额与当月工资、薪金合并，全额计入"收入额"列，同时将现金奖励的50%填至"免税所得"列，并在备注栏注明"科技人员现金奖励免税部分"字样，据此以"收入额"减除"免税所得"以及相关扣除后的余额计算缴纳个人所得税。

（二）注意事项

无。

任务九 综合所得业务处理

📖 任务描述

根据居民个人综合所得收入相关资料，准确计算居民个人综合所得收入个人所得税，并在自然人电子税务局熟练完成居民个人综合所得收入个人所得税的填报。

🔔 技能要求

1. 能熟练完成取得全年一次性奖金、解除劳动合同取得一次性补偿金、取得稿酬所得等综合所得项目的个人所得税应纳税额的计算。

2. 能熟练在自然人电子税务局办理各类综合所得项目的单个和批量填报。

3. 能熟练进行各类综合所得项目报税时相关信息的修改、删除及查询。

🖙 案例情景

浙江仁康财产保险有限公司拥有10名境内员工。2022年1月，公司财务人员宣雯计算并发放员工的工资薪金、奖金等，以及扣缴个人所得税。相关人员的个人所得与个人所得税计算数据见资料1至资料3。

2021年，杭州市公积金上限2 800元，职工月平均工资为4 000元，年平均工资为48 000元。

资料1：员工基础信息（见表1-34）

表1-34 员工基础信息表

工 号	姓 名	性 别	身 份 证 号	联 系 电 话	任 职 日 期	任职受雇从业类型
001	沈闻灏	男	33010619840515××××	1510430××××	2018-06-06	雇员
002	宣 雯	女	14010819860706××××	1393500××××	2018-11-04	雇员
003	仲 谦	男	41010219630809××××	1872984××××	2018-06-18	雇员
004	吴佳慧	女	35030119890618××××	1358865××××	2019-08-11	雇员
005	蒋俊熙	男	23010119830619××××	1812292××××	2019-06-26	雇员
006	齐晴晴	女	36010219780409××××	1884706××××	2019-05-20	雇员
007	崔 建	男	42010619810913××××		2021-06-18	保险营销员
008	徐谦伟	男	35011119870603××××			其他
009	王 韬	男	35010219860615××××			其他
010	顾 浩	男	46010119850715××××			其他

资料2：2022年1月部分员工工资保险明细（见表1-35）

表1-35 2022年1月部分员工工资保险明细表 （单位：元）

工 号	姓 名	应发工资合计	基本养老保险金	基本医疗保险金	失业保险金	住房公积金	代扣个人所得税	实发工资
001	沈闻灏	26 388.50	456.00	114.00	28.50	2 638.85		
002	宣 雯	22 160.00	456.00	114.00	28.50	2 216.00		
003	仲 谦	9 718.20	456.00	114.00	28.50	971.82		
004	吴佳慧	15 282.00	456.00	114.00	28.50	1 528.20		
005	蒋俊熙	17 026.80	456.00	114.00	28.50	1 702.68		
006	齐晴晴	11 420.00	456.00	114.00	28.50	1 142.00		

备注：

（1）沈闻灏家庭情况：沈闻灏现居杭州，独生子女，需赡养父亲（父亲：沈清文，身份证号：33010519580411××××），赡养老人符合法定扣除规定；已婚（妻子：柳涛，身份证号：22010219870610××××），有一个儿子（儿子：沈俊熙；身份证号：33010220110316××××）于2021年09月起进入杭州胜利小学就读五年级，子女教育由丈夫沈闻灏一人按照100%进行扣除。

（2）吴佳慧家庭情况：吴佳慧现居杭州，兄妹两人（哥哥：吴俊熙，身份证号：35030219820816××××），需赡养母亲（母亲：周翠文，身份证号：35042119530914××××）。赡养老人符合法定扣除规定，兄妹两人按照平均分摊比例扣除。

（3）齐晴晴的工资薪金收入中包括出差取得的规定标准的差旅费津贴1 500元。

（4）除工资薪金收入外，蒋俊熙另收到公司发放的独生子女补贴1 000元。

（5）2021年12月，宣雯从中国人寿保险有限公司购买了商业健康保险，全年保险费为1 500元，税优识别码为202200011635307241，保险期间为2022年1月1日至12月31日。

（6）2022年1月12日，仲谦通过中国教育发展基金会（统一社会信用代码：913338172605161604）向教育事业捐赠1 000元，取得捐赠票据，标明捐赠凭证号为2022000091，选择在工资薪金中扣除。

资料3：居民个人取得综合所得收入的资料

（1）2022年1月，沈闻灏取得2021年全年一次性奖金50 000元，单独计税。

（2）2022年1月，因身体原因，公司与齐晴晴解除劳动关系，齐晴晴取得一次性补偿收入164 000元。

（3）2022年1月，因吴佳慧已经去世的父亲是作家，2022年1月吴佳慧取得父亲的遗作稿酬50 000元，选择由任职公司为其预扣预缴个人所得税。

（4）2022年1月，员工蒋俊熙将其一项非专利技术提供给浙江仁康财产保险有限公司使用，取得收入30 000元。

（5）2022年1月，员工仲谦符合工作年限满20年且距法定退休年龄小于5年（含5年）可以提前退休的条件，于2022年1月办理提前退休手续并取得浙江仁康财产保险有限公司按照统一标准发放的一次性收入100 000元（假定比正常退休早2年）。

（6）2022年1月15日，崔建从浙江仁康财产保险有限公司取得销售保险佣金共计20 600元（含增值税）；2022年1月27日取得销售保险佣金共计10 300元（含增值税）。（备注：需要考虑"保险代理人、证券经纪人月佣金收入不超过150 000元"免征增值税及附加税税收优惠政策。）

（7）2022年1月，浙江仁康财产保险有限公司聘请徐谦伟为财务部职员进行一场财税培训，支付其报酬12 000元。

（8）2022年1月，浙江仁康财产保险有限公司支付独立董事王韬董事费50 000元。

（9）2022年1月，浙江仁康财产保险有限公司聘请律师顾浩为公司法律顾问，支付其相应酬金42 000元。

一、业务要求和业务要点

（一）业务要求

（1）完成工资薪金所得及全年一次性奖金项目个人所得税的纳税申报。

（2）完成工资薪金所得及解除劳动合同一次性补偿金项目个人所得税的纳税申报。

（3）完成工资薪金所得及稿酬所得项目个人所得税的纳税申报。

（4）完成工资薪金所得及特许权使用费所得项目个人所得税的纳税申报。

（5）完成工资薪金所得及提前退休一次性补贴项目个人所得税的纳税申报。

（6）完成劳务报酬所得项目个人所得税的纳税申报。

（二）业务要点

1. 取得遗作稿酬时的个人所得税的处理

根据国家税务总局印发的《征收个人所得税若干问题的规定》的通知（国税发〔1994〕89号）第四条第三项规定，作者去世后，对取得其遗作稿酬的个人，按稿酬所得征收个人所得税。

2. 取得兼职收入时的个人所得税的处理

根据《国家税务总局关于个人兼职和退休人员再任职取得收入如何计算征收个人所得税问题的批复》（国税函〔2005〕382号）的规定，个人兼职取得的收入应按照"劳务报酬所得"应税项目缴纳个人所得税；退休人员再任职取得的收入，在减除按个人所得税法规定的费用扣除标准后，按"工资、薪金所得"应税项目缴纳个人所得税。

3. 取得董事费收入时的个人所得税的处理

根据《征收个人所得税若干问题的规定》（国税发〔1994〕89号）第八条的规定，个人由于担任董事职务所取得的董事费收入，属于劳务报酬所得性质，按照劳务报酬所得项目征收个人所得税。根据《国家税务总局关于明确个人所得税若干政策执行问题的通知》（国税发〔2009〕121号）的规定，这里的董事费按劳务报酬所得项目征税方法，仅适用于个人担任公司董事、监事，且不在公司任职、受雇的情形。个人在公司（包括关联公司）任职、受雇，同时兼任董事、监事的，应将董事费、监事费与个人工资收入合并，统一按工资、薪金所得项目缴纳个人所得税。

4. 律师事务所从业人员取得收入的个人所得税的处理

律师事务所从业人员取得收入的个人所得税处理见表1-36。

表1-36 律师事务所从业人员取得收入的个人所得税处理

序 号	人 员		所 得		个人所得税处理
1	独资或合伙律师事务所的出资人		从律师事务所取得的收入	年度经营所得全额为基数，按比例计算分配的所得	出资律师本人的工资、薪金不得扣除	按"个体工商户的生产、经营所得"计征
2	雇员律师		从律师事务所取得的收入	与律师事务所按规定的比例对收入分成，律师事务所不负担律师办理案件支出的费用	可扣除办案支出费用	按"工资、薪金所得"计征
				工资、补贴、津贴等收入		按"工资、薪金所得"计征
			从接受法律事务服务的当事人处取得的收入	取得的法律顾问费或其他酬金		按"劳务报酬所得"计征
3	其他从业人员	兼职律师	从律师事务所取得的收入	工资、薪金性质的所得	不再减除个人所得税规定的费用扣除标准	按"工资、薪金所得"计征
			从接受法律事务服务的当事人处取得的收入	取得的法律顾问费或其他酬金		按"劳务报酬所得"计征
		律师以个人名义再聘请其他人员	支付的报酬			按"劳务报酬所得"计征
		行政辅助人员	从律师事务所取得的收入			按"工资、薪金所得"计征

二、业务流程和实务操作

（一）业务流程（见图1-63）

图1-63　综合所得收入个人所得税申报流程

（二）实务操作

1. 公积金上限设置

根据案例情景内容，调整公积金上限、月平均工资及年平均工资，如图1-64所示。

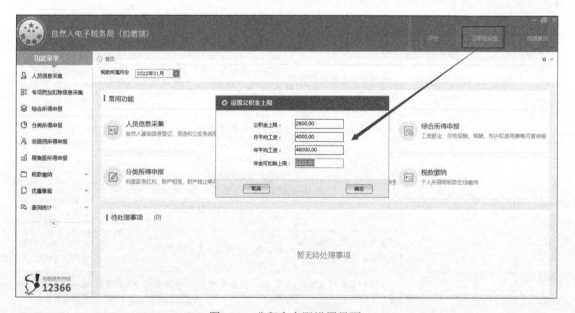

图1-64　公积金上限设置界面

2. 专项附加扣除信息采集

填写专项附加扣除信息，如图1-65所示。

图1-65 专项附加扣除信息采集界面

3. 综合所得数据填报

（1）填写正常工资薪金所得，如图1-66所示。

图1-66 正常工资薪金所得填写界面

（2）填写全年一次性奖金收入，如图1-67所示。

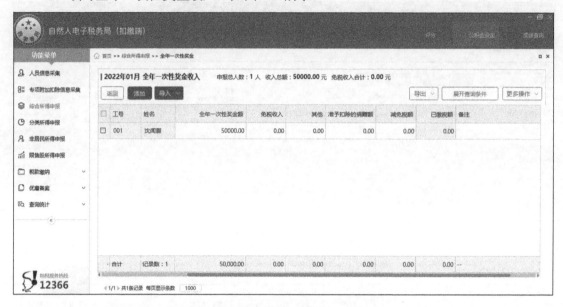

图1-67　全年一次性奖金收入填写界面

（3）填写解除劳动合同一次性补偿金，如图1-68所示。

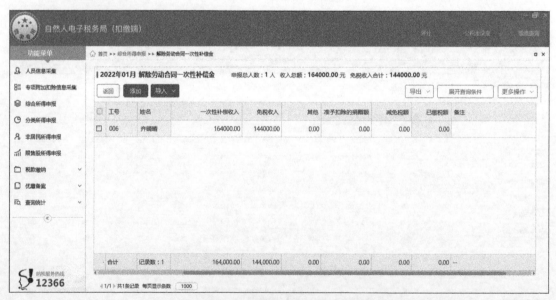

图1-68　解除劳动合同一次性补偿金填写界面

（4）填写劳务报酬（保险营销员、证券经纪人、其他连续劳务），如图1-69所示。

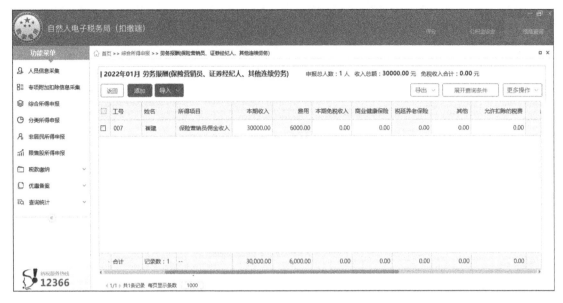

图1-69 劳务报酬（保险营销员、证券经纪人、其他连续劳务）填写界面

（5）填写劳务报酬（一般、法律援助补贴、其他非连续劳务），如图1-70所示。

图1-70 劳务报酬（一般、法律援助补贴、其他非连续劳务）填写界面

（6）填写稿酬所得，如图1-71所示。

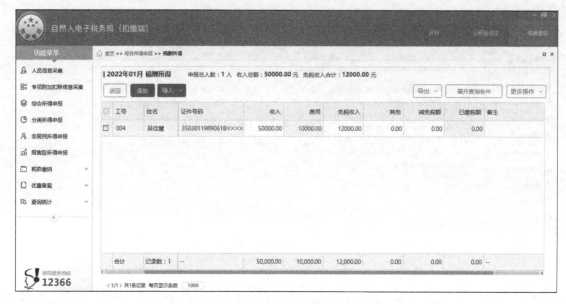

图1-71　稿酬所得填写界面

（7）填写特许权使用费所得，如图1-72所示。

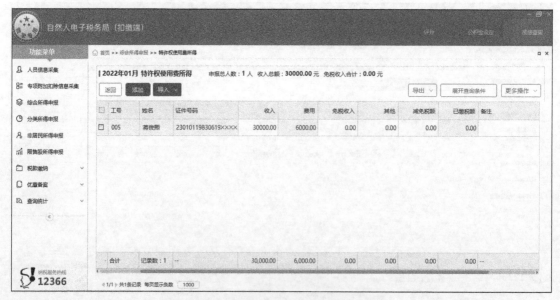

图1-72　特许权使用费所得填写界面

（8）填写提前退休一次性补贴，如图1-73所示。

图1-73 提前退休一次性补贴填写界面

4. 综合所得税款计算

（1）正常工资薪金所得税款计算，如图1-74所示。

图1-74 正常工资薪金所得税款计算界面

（2）全年一次性奖金收入税款计算，如图1-75所示。

图1-75　全年一次性奖金收入税款计算界面

（3）解除劳动合同一次性补偿金税款计算，如图1-76所示。

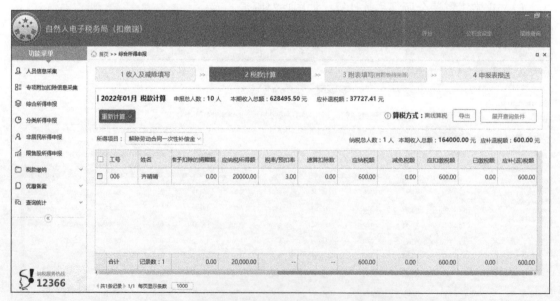

图1-76　解除劳动合同一次性补偿金税款计算界面

（4）劳务报酬（保险营销员、证券经纪人、其他连续劳务）税款计算，如图1-77所示。

图1-77　劳务报酬（保险营销员、证券经纪人、其他连续劳务）税款计算界面

（5）劳务报酬（一般、法律援助补贴、其他非连续劳务）税款计算，如图1-78所示。

图1-78　劳务报酬所得（一般、法律援助补贴、其他非连续劳务）税款计算界面

（6）稿酬所得税款计算，如图1-79所示。

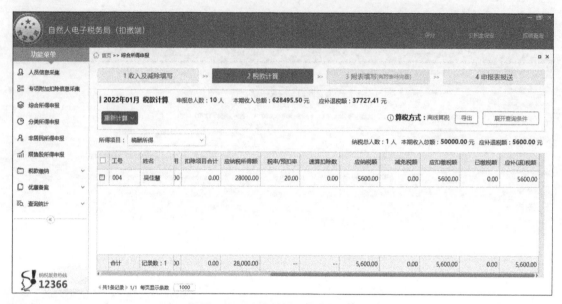

图1-79　稿酬所得税款计算界面

（7）特许权使用费所得税款计算，如图1-80所示。

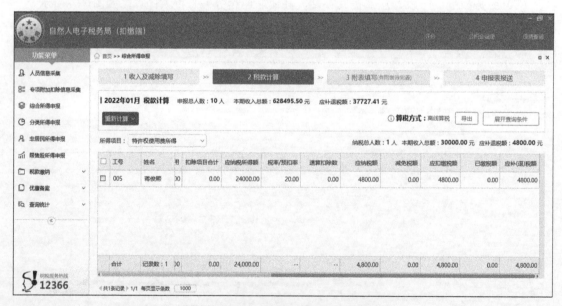

图1-80　特许权使用费所得税款计算界面

（8）提前退休一次性补贴税款计算，如图1-81所示。

图1-81 提前退休一次性补贴税款计算界面

5. 相关附表填写

（1）填写减免事项附表相关内容，如图1-82～图1-84所示。

图1-82 减免事项附表信息填写界面（吴佳慧）

图1-83 减免事项附表信息填写界面（齐晴晴）

图1-84　减免事项附表信息填写完成界面

（2）填写商业健康保险附表相关内容，如图1-85和图1-86所示。

图1-85　商业健康保险附表信息填写界面

图1-86 商业健康保险附表信息填写完成界面

（3）填写捐赠扣除附表相关内容，如图1-87和图1-88所示。

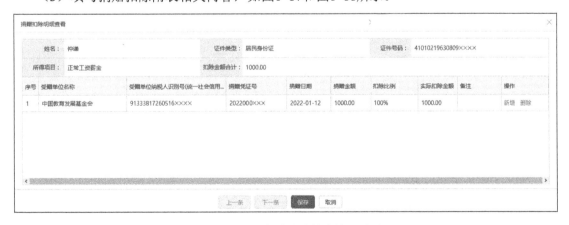

图1-87 捐赠扣除附表信息填写界面

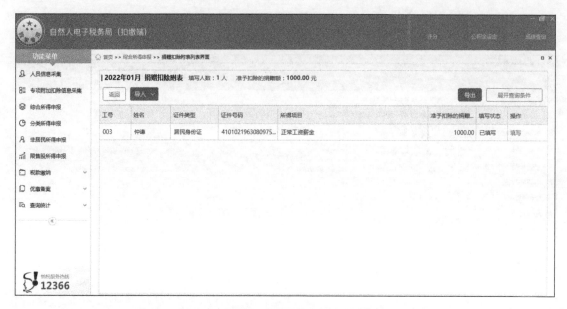

图1-88　捐赠扣除附表信息填写完成界面

6. 审核并进行综合所得申报表报送

审核相关填报信息，并进行综合所得申报表报送，如图1-89所示。

图1-89　申报表报送界面

7. 综合所得税款缴纳

申报成功后，进行三方协议缴税，完成税款缴纳，如图1-90所示。

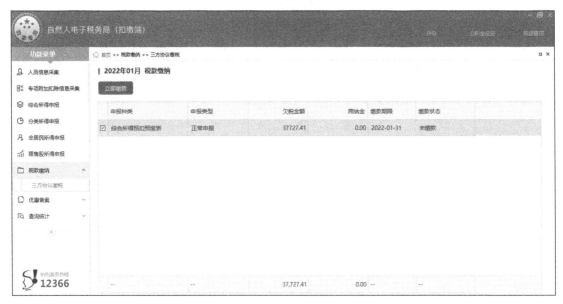

图1-90 税款缴纳界面

三、填表说明及注意事项

"劳务报酬所得（保险营销员、证券经纪人、其他连续劳务）"项目报表的填表说明及注意事项如下：

（一）填表说明

（1）"所得项目"：选择人员后，如果人员的"任职受雇从业类型"为"保险营销员"，则所得项目默认为"保险营销员佣金收入"；"任职受雇从业类型"为"证券经纪人"，则所得项目默认为"证券经纪人佣金收入"，其他类型的人员不能选择。

（2）"费用"：费用为本期收入的20%，自动带出，不可修改。

（3）"展业成本"：展业成本计算公式为"（本期收入−费用）×25%"，自动带出，不可修改。

（二）注意事项

（1）保险营销员、证券经纪人取得的佣金收入，虽然属于"劳务报酬所得"项目，但是采用的是与居民个人"工资、薪金所得"项目一样的预扣预缴方法，即累计预扣法。

（2）在一个纳税年度内，保险营销员、证券经纪人的某月应预扣预缴税额为负值时，暂不退税；纳税年度终了后余额仍为负值时，由纳税人通过办理综合所得年度汇算清缴，税款多退少补。

（3）保险营销员佣金累计收入额按照不含增值税的累计收入减除20%费用后的余额计算；如果是免征增值税的，则是含税金额减除20%的费用。

项目二

分类所得实务

项目描述

　　本项目主要讲解分类所得个人所得税的业务处理，包括利息、股息、红利所得，财产转让所得，财产租赁所得和偶然所得等工作任务，重难点在于财产转让所得、财产租赁所得的业务处理。本项目要求学生熟练掌握分类所得各类业务的处理流程与要求，能根据实际发生的经济业务，进行个人所得税税款的计算与申报。

工作任务

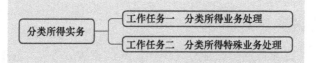

图2-1　分类所得实务处理工作任务

01 任务一　分类所得业务处理

📖 任务描述

　　根据公司发生的每笔经济业务，准确判断其所得项目，对各项所得的税款进行准确计算，并在自然人电子税务局熟练完成各项所得的填报。

🔔 技能要求

　　1. 能熟练完成取得利息、股息、红利所得，财产转让所得，财产租赁所得以及偶然所得等分类所得项目的个人所得税应纳税额的计算。

　　2. 能在自然人电子税务局熟练办理各类分类所得项目的单个和批量填报。

　　3. 会熟练进行各类分类所得项目报税时相关信息的修改、删除及查询。

案例情景

林芳是杭州东林信息公司的财务人员，2022年1月公司发生如下经济业务：

（1）公司股东张兵于2021年1月向公司借款1 400 000元，直到2021年年底仍未归还，同时公司未能提供此笔借款用于生产经营的相关证明。

（2）2022年1月，公司员工余浩将其拥有的某高档艺术品转让给杭州东林信息公司，转让价格为50 000元，该高档艺术品买入时支付价款及相关费用合计20 000元，转让过程中发生相关税费100元。

（3）2022年1月，公司组织"庆元旦"抽奖活动，顾客姜涛获得按摩椅一个，该按摩椅为外购产品，外购价格为880元/个。

（4）2022年1月，公司员工杨晓军将自己闲置的一套住房按市场价格出租给杭州东林信息公司，租期半年，每月取得不含税租金8 000元；另外，每月发生准予扣除的其他税费100元。当月杨晓军还对住房进行简单修缮，发生修缮费用1 500元。以上费用均取得合法票据。

（5）2022年1月，杭州东林信息公司租用员工赵婷的一辆汽车用于广告展示，租期7天，支付其报酬3 000元。

（6）2022年1月，公司员工王志取得一年期储蓄存款利息收入782.93元，取得5年期国债利息收入8 000元（公司不是该笔业务的扣缴义务人）。

上级领导安排林芳根据业务资料、员工提交的资料完成各类人员各项所得的计算和填报（员工王志在1月份取得的两笔收入由其扣缴义务人进行填报），最终完成个人所得税的预扣预缴。

林芳需要对相关人员的个人应纳税所得额进行准确计算，初步完成税款计算，并在自然人电子税务局熟练完成利息、股息、红利所得，财产转让、租赁及偶然所得信息的填报；同时完成各类减免事项、准予扣除的捐赠等附表信息的填报，最终完成2022年1月所属期的纳税申报。

因公司规模大、人员多，林芳需要通过系统模板对各类信息进行批量导入、修改、删除。

资料：人员基础信息（见表2-1）

表2-1 人员基础信息表

姓 名	性 别	身 份 证 号	任职受雇从业类型	国籍（地区）
张 兵	男	33010219890604××××	雇员	中国
余 浩	男	34010219900815××××	雇员	中国
姜 涛	男	33010219890604××××	其他	中国
杨晓军	男	23010119800504××××	雇员	中国
赵 婷	女	35030119930717××××	雇员	中国
王 志	男	41010219830921××××	雇员	中国

一、业务要求和业务要点

（一）业务要求

（1）了解利息所得免征个人所得税的相关政策。

（2）对张兵等人的分类所得个人所得税应纳税额进行准确计算。

（3）在自然人电子税务局熟练完成分类所得各项目的单个和批量填报。

（4）能够使用自然人电子税务局进行分类所得项目相关信息的修改、删除及查询，包括查询、删除、单个修改或批量修改具体人员的填报信息。

（5）完成分类所得各项目的申报，发送申报表，完成个人所得税的扣缴。

（二）业务要点

掌握利息、股息、红利所得，财产转让所得，偶然所得和财产租赁所得的适用税率：利息、股息、红利所得，财产转让所得，偶然所得和财产租赁所得适用比例税率，税率为20%（优惠：个人出租住房暂减按10%税率征收）。

二、业务流程和实务操作

（一）业务流程（见图2-2）

图2-2　分类所得个人所得税申报流程

（二）实务操作

1. 分类所得个人所得税应纳税额的计算

（1）张兵利息、股息、红利所得应纳税额=1 400 000×20%=280 000（元）。

（2）余浩财产转让所得应纳税额=（50 000-20 000-100）×20%=5 980（元）。

（3）姜涛偶然所得应纳税额=880×20%=176（元）。

（4）杨晓军财产租赁所得应纳税额=（8 000-800-100）×（1-20%）×10%=568（元）。

（5）赵婷财产租赁所得应纳税额=（3 000-800）×20%=440（元）。

（6）王志利息、股息、红利所得应纳税额（储蓄存款利息所得）：根据《财政部 国家税务总局关于储蓄存款利息所得有关个人所得税政策的通知》规定，储蓄存款在2008年10月9日（含10月9日）后孳生的利息所得，暂免征收个人所得税。

王志利息、股息、红利所得应纳税额（国债利息）：根据《个人所得税法》第四条第二项规定，国债和国家发行的金融债券利息免征个人所得税。

2. 分类所得个人所得税的填报

（1）填写张兵利息、股息、红利所得信息，如图2-3和图2-4所示。

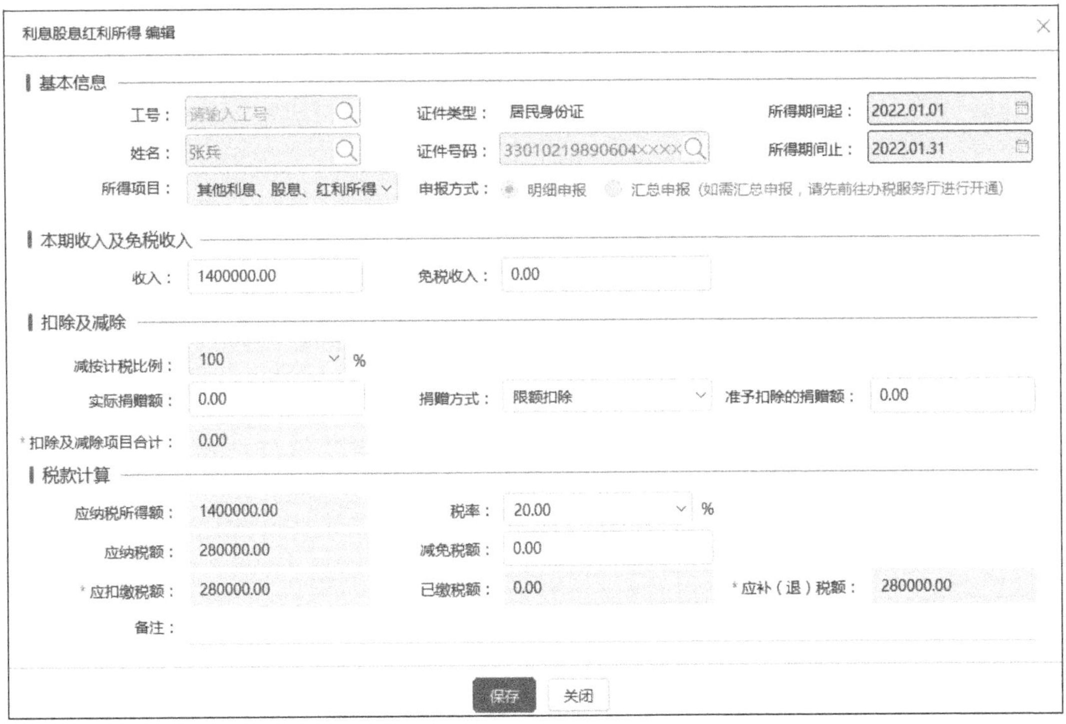

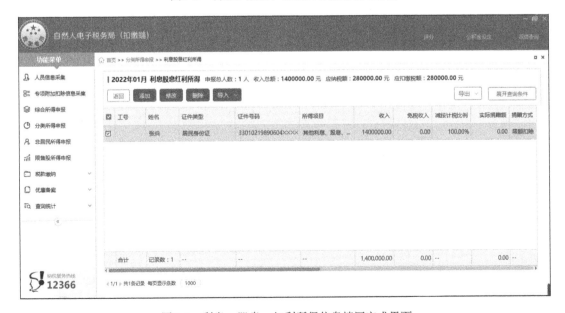

图2-3　利息、股息、红利所得信息填写界面

图2-4　利息、股息、红利所得信息填写完成界面

（2）填写余浩财产转让所得信息，如图2-5和图2-6所示。

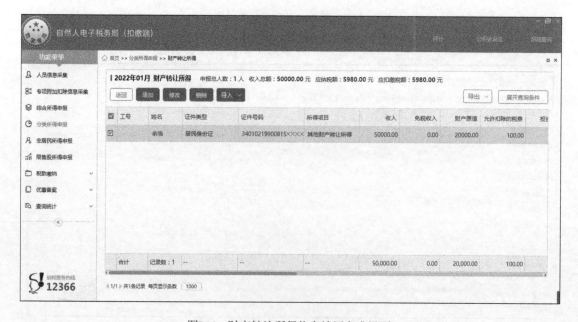

图2-5　财产转让所得信息填写界面

图2-6　财产转让所得信息填写完成界面

（3）填写姜涛偶然所得信息，如图2-7和图2-8所示。

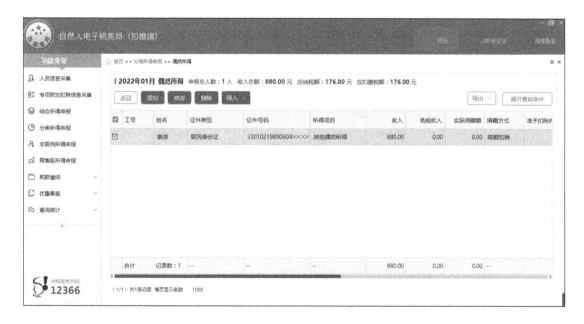

图2-7 偶然所得信息填写界面

图2-8 偶然所得信息填写完成界面

（4）填写杨晓军财产租赁所得信息，如图2-9和图2-10所示。

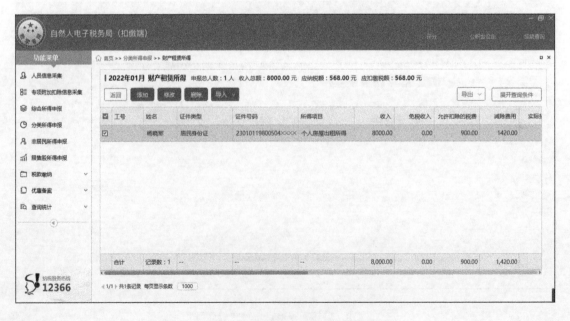

图2-9　财产租赁所得信息填写界面

图2-10　财产租赁所得信息填写完成界面

（5）填写赵婷财产租赁所得信息，如图2-11和图2-12所示。

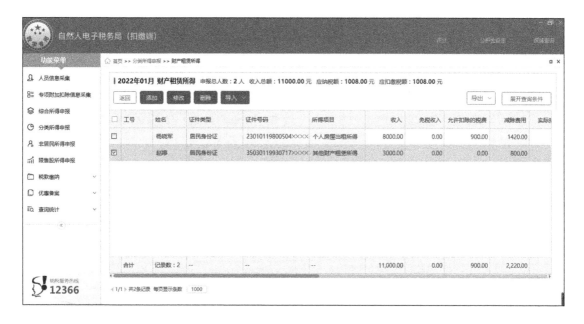

图2-11　财产租赁所得信息填写界面

图2-12　财产租赁所得信息填写完成界面

（6）填写王志利息、股息、红利所得（储蓄存款利息所得）信息，如图2-13和图2-14所示。

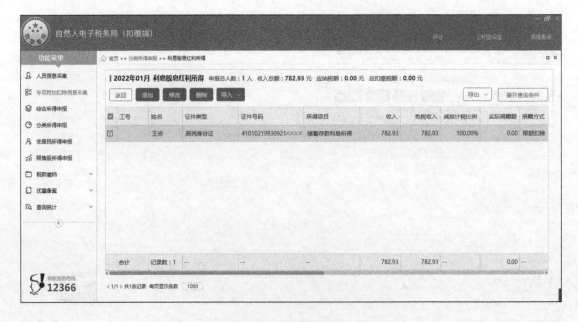

图2-13　利息、股息、红利所得信息填写界面

图2-14　利息、股息、红利所得信息填写完成界面

（7）填写王志利息、股息、红利所得（国债利息）信息，如图2-15和图2-16所示。

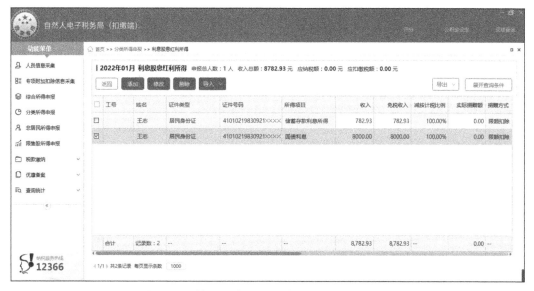

图2-15　利息、股息、红利所得信息填写界面

图2-16　利息、股息、红利所得信息填写完成界面

3. 附表填写

如需进行附表填写则根据资料信息进行附表的填写，如图2-17所示；若所报项目不涉及附表的填写，则无须填报附表。

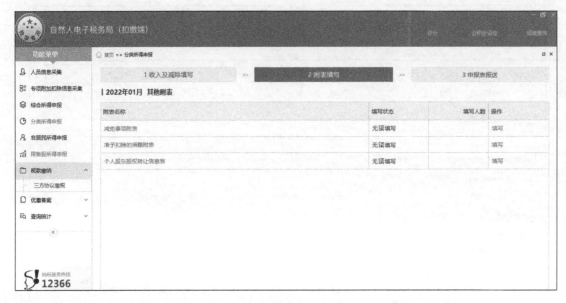

图2-17　附表填写界面

4. 审核并进行申报表报送

审核填报信息，如果准确无误，则单击【发送申报】按钮，然后获取反馈，完成分类所得申报，如图2-18所示。若有错误可通过【更正申报】进行处理，若已获取反馈则需进行申报作废操作。

图2-18　申报表报送界面

5. 税款缴纳

申报成功后，单击【税款缴纳】，进行三方协议缴税。单击【立即缴款】，完成税款缴纳，如图2-19所示。

图2-19 税款缴纳界面

三、填表说明及注意事项

（一）填表说明

1. 本期收入及免税收入

（1）利息、股息、红利所得本期收入及免税收入："收入"填写纳税人取得的利息、股息、红利的全部收入（含税）；"免税收入"填写按照《个人所得税法》及其他法律法规规定的免税收入金额（上市公司股息、红利所得差别化征税的优惠不填在此列，通过税款计算中的"减按计税比例"填报；对个人达到规定条件时领取的商业养老金收入，其中25%部分予以免税）。

（2）财产转让、偶然所得及财产租赁本期收入及免税收入："收入"填写纳税人取得的全部收入；"免税收入"填写按照《个人所得税法》及其他法律法规规定的免税收入金额。

2. 扣除及减除

（1）"实际捐赠额"：填写当月收入中实际捐赠的金额。

（2）"捐赠方式"：默认是"限额扣除"，可下拉选择"限额扣除""全额扣除"或"混合"。个人将其所得对教育、扶贫、济困等公益慈善事业进行捐赠，捐赠额未超过纳税人申报的应纳税所得额30%的部分，可从其应纳税所得额中扣除，选择"限额扣除"；国务院规定对公益慈善事业捐赠实行全额税前扣除的，从其规定选择"全额扣除"。

（3）"准予扣除的捐赠额"：填写按照《个人所得税法》及其他法律法规的规定，可以在税前扣除的捐赠额。

（4）财产转让所得："财产原值"填写售出方个人取得该拍卖品的价格（以合法有效凭证为准）；"允许扣除的税费"是指拍卖财产时纳税人按照规定实际支付的拍卖费、鉴定费、评估费、图录费、证书费等费用；"投资抵扣"填写根据国家有关政策天使投资人股权转让可抵扣部分，抵扣限额为投资额的70%。

（二）注意事项

（1）根据《个人所得税法》第四条第二项规定，国债和国家发行的金融债券利息所得免征个人所得税。

（2）根据《财政部 国家税务总局关于储蓄存款利息所得有关个人所得税政策的通知》规定，为配合国家宏观调控政策需要，经国务院批准，自2008年10月9日起，对储蓄存款利息所得暂免征收个人所得税。

02

任务二　分类所得特殊业务处理

📖 任务描述

根据公司发生的每笔经济业务，准确判断其所得项目，对各项所得的税款进行准确计算，并在自然人电子税务局熟练完成各项所得的填报。

🔔 技能要求

1. 能熟练完成分类所得特殊项目的个人所得税应纳税额的计算。
2. 能在自然人电子税务局熟练办理分类所得特殊项目的单个和批量填报。
3. 会熟练进行各类分类所得特殊项目报税时相关信息的修改、删除及查询。

🏠 案例情景

李灵是杭州鑫鑫软件科技有限公司的财务人员，2022年1月公司发生如下经济业务：

（1）张涛2021年1月10日承租杭州市滨江区一层写字楼用于办公，每月支付租金16万元（不含增值税），租赁期为3年。2021年12月31日张涛将工作室迁往北京，并将该层写字楼转租给杭州鑫鑫软件科技有限公司，约定从2022年1月1日起，月租金为29.4万元（不含增值税），1月发生房屋修缮费用1 400元（假定不考虑增值税、附加税等税费）。

（2）2022年1月，张冰将一套无偿受赠的房产转让给杭州鑫鑫软件科技有限公司，该房屋的市场价格为105万元（不含增值税），赠予合同上注明的房产价值为100万元（能够提供财产原值凭证），转让过程中杭州鑫鑫软件科技有限公司支付相关税费5万元（假定不考虑其他税费）。

（3）2016年1月，员工王明将其拥有的计算机软件著作权投资入股杭州鑫鑫软件科技有限公司，取得杭州鑫鑫软件科技有限公司10%的股权，专利作价300万元，取得成本150万元。

上级领导安排李灵根据业务资料、员工提交的资料完成相关人员各项所得的计算和填报，最终完成个人所得税的预扣预缴。

李灵需要对相关人员的个人应纳税所得额进行准确计算，初步完成税款计算，并在自然人电子税务局熟练完成财产租赁、转让所得信息的填报，同时完成各类减免事项、准予扣除的捐赠等附表信息的填报，最终完成2022年1月所属期的纳税申报。

因公司规模大、人员多，李灵需要通过系统模板对各类信息进行批量导入、修改、删除。

资料：人员基础信息（见表2-2）

表2-2　人员基础信息表

姓　名	性　别	身份证号	任职受雇从业类型	国籍（地区）
张涛	男	33010219900608××××	其他	中国
张冰	女	37010219860711××××	其他	中国
王明	男	33010219900608××××	雇员	中国

一、业务要求和业务要点

（一）业务要求

（1）了解关于个人捐赠及个人转租房屋取得收入征收个人所得税的相关政策规定。

（2）对张涛等人的分类所得个人所得税应纳税额进行准确计算。

（3）在自然人电子税务局熟练完成分类所得特殊项目的单个和批量填报。

（4）能够使用自然人电子税务局进行分类所得特殊项目相关信息的修改、删除及查询，包括查询、删除、单个修改或批量修改具体人员的填报信息。

（5）完成分类所得特殊项目的申报，发送申报表，完成个人所得税的扣缴。

（二）业务要点

掌握财产租赁所得、财产转让所得适用税率：财产租赁所得、财产转让所得适用比例税率，税率为20%（优惠：个人出租住房暂减按10%税率征收）。

二、业务流程和实务操作

（一）业务流程（见图2-20）

图2-20　分类所得个人所得税申报流程

（二）实务操作

1. 分类所得个人所得税应纳税额的计算

（1）张涛财产租赁所得应纳税额 = (294 000-160 000-800)×(1-20%)×20%=21 312（元）。

（2）张冰财产转让所得应纳税额 = (1 000 000-50 000)×20%=190 000（元）。

（3）王明财产转让所得应纳税额 = (3 000 000-1 500 000)×20%=300 000（元）。

2. 分类所得个人所得税的填报

（1）填写张涛财产租赁所得信息，如图2-21和图2-22所示。

财产租赁所得 编辑		✕
▌基本信息		
工号：　请输入工号 🔍	证件类型：　居民身份证	所得期间起：　2022.01.01
姓名：　张涛 🔍	证件号码：　33010219900608✕✕✕✕ 🔍	所得期间止：　2022.01.31
所得项目：　其他财产租赁所得 ∨		
▌本期收入及免税收入		
收入：　134000.00	免税收入：　0.00	
▌扣除及减除		
允许扣除的税费：　800.00	减除费用：　26640.00	
实际捐赠额：　0.00	捐赠方式：　限额扣除 ∨	准予扣除的捐赠额：　0.00
扣除及减除项目合计：　27440.00		
▌税款计算		
应纳税所得额：　106560.00	税率：　20.00 ∨ %	
应纳税额：　21312.00	减免税额：　0.00	
应扣缴税额：　21312.00	已缴税额：　0.00	应补（退）税额：　21312.00
备注：		

保存　关闭

图2-21　财产租赁所得信息填写界面

图2-22 财产租赁所得信息填写完成界面

（2）填写张冰财产转让所得信息，如图2-23和图2-24所示。

财产转让所得 新增					✕
基本信息					
工号：请输入工号		证件类型：居民身份证		所得期间起：2022.01.01	
姓名：张冰		证件号码：37010219860711✕✕✕✕		所得期间止：2022.01.31	
所得项目：其他财产转让所得					
本期收入及免税收入					
收入：1000000.00		免税收入：0.00			
扣除及减除					
是否提供财产原值凭证：⦿ 是					
财产原值：1000000.00		允许扣除的税费：50000.00		投资抵扣：0.00	
其他：0.00		税前扣除项目合计：50000.00			
实际捐赠额：0.00		捐赠方式：限额扣除		准予扣除的捐赠额：0.00	
*扣除及减除项目合计：50000.00					
税款计算					
应纳税所得额：950000.00		税率：20.00 %			
应纳税额：190000.00		减免税额：0.00			
*应扣缴税额：190000.00		已缴税额：0.00		*应补（退）税额：190000.00	
备注：					
		保存 关闭			

图2-23 财产转让所得信息填写界面

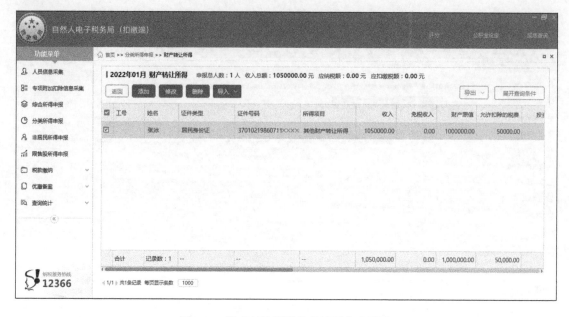

图2-24　财产转让所得信息填写完成界面

（3）填写王明财产转让所得信息，如图2-25和图2-26所示。

财产转让所得 编辑 ✕

▌基本信息

工号：	请输入工号 🔍	证件类型：	居民身份证	所得期间起：	2022.01.01
姓名：	王明 🔍	证件号码：	33010219900608××××🔍	所得期间止：	2022.01.31
所得项目：	其他财产转让所得 ∨				

▌本期收入及免税收入

收入：	3000000.00	免税收入：	0.00

▌扣除及减除

是否提供财产原值凭证： ⦿ 是

财产原值：	1500000.00	允许扣除的税费：	0.00	投资抵扣：	0.00
其他：	0.00	税前扣除项目合计：	1500000.00		
实际捐赠额：	0.00	捐赠方式：	限额扣除　　　∨	准予扣除的捐赠额：	0.00

*扣除及减除项目合计： 1500000.00

▌税款计算

应纳税所得额：	1500000.00	税率：	20.00 ∨ %
应纳税额：	300000.00	减免税额：	0.00
*应扣缴税额：	300000.00	已缴税额：	0.00	*应补（退）税额：	300000.00
备注：			

保存　关闭

图2-25　财产转让所得信息填写界面

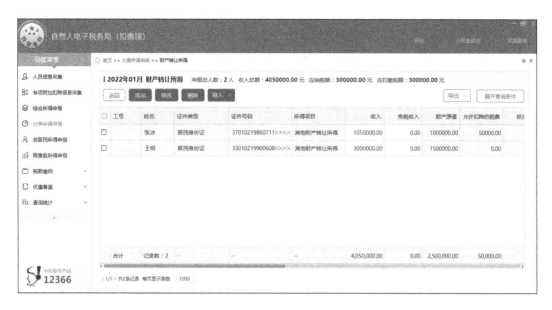

图2-26　财产转让所得信息填写完成界面

3. 附表填写

如需进行附表填写则根据资料信息进行附表的填写，若所报项目不涉及附表的填写，则无须填报附表。

4. 审核并进行申报表报送

审核填报信息，如果准确无误，则单击【发送申报】按钮，然后获取反馈，完成分类所得申报，如图2-27所示。若有错误可通过【更正申报】进行处理，若已获取反馈则需进行申报作废操作。

图2-27　申报表报送界面

5. 税款缴纳

申报成功后，单击【税款缴纳】，进行三方协议缴税。单击【立即缴款】，完成税款缴纳，如图2-28所示。

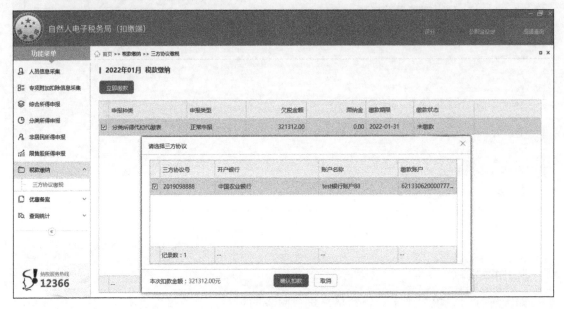

图2-28　税款缴纳界面

三、填表说明及注意事项

（一）填表说明

1. 本期收入及免税收入

（1）"收入"：填写纳税人取得的全部收入。

（2）"免税收入"：填写按照《个人所得税法》及其他法律法规规定的免税收入金额。

2. 扣除及减除

（1）"实际捐赠额"：填写当月收入中实际捐赠的金额。

（2）"捐赠方式"：默认是"限额扣除"，可下拉选择"限额扣除""全额扣除"或"混合"。个人将其所得对教育、扶贫、济困等公益慈善事业进行捐赠，捐赠额未超过纳税人申报的应纳税所得额30%的部分，可从其应纳税所得额中扣除，选择"限额扣除"；国务院规定对公益慈善事业捐赠实行全额税前扣除的，从其规定选择"全额扣除"。

（3）"准予扣除的捐赠额"：填写按照《个人所得税法》及其他法律法规的规定，可以在税前扣除的捐赠额。

（4）财产转让所得："财产原值"填写售出方个人取得该拍卖品的价格（以合法有效凭证为准）；"允许扣除的税费"是指拍卖财产时纳税人按照规定实际支付的拍卖费、鉴定费、评估费、图录费、证书费等费用；"投资抵扣"填写根据国家有关政策天使投资人股权转让可抵扣部分，抵扣限额为投资额的70%。

（二）注意事项

（1）根据《关于个人转租房屋取得收入征收个人所得税问题的通知》（国税函〔2009〕639号）第一条规定，个人将承租房屋转租取得的租金收入，属于个人所得税应税所得，应按"财产租赁所得"项目计算缴纳个人所得税。

（2）个人转让无偿受赠的房屋，属于"财产转让所得"的范围，应按"财产转让所得"项目计算缴纳个人所得税。

项目三

非居民所得实务

项目描述

　　本项目主要讲解非居民所得个人所得税的业务处理，包括非居民解除劳动合同取得一次性补偿金、取得股权激励收入、领取税收递延型商业养老金以及其他所得等工作任务，重难点在于非居民个人解除劳动合同取得一次性补偿金、取得股权激励收入业务的识别、判断和计算等。本项目要求学生熟练掌握非居民个人所得各类业务的处理流程与要求，能根据实际发生的经济业务，进行个人所得税税款的计算与申报。

工作任务

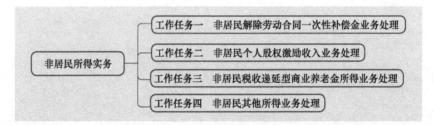

图3-1　非居民所得实务处理工作任务

01 任务一　非居民解除劳动合同一次性补偿金业务处理

📖 任务描述

　　在2022年2月15日前，完成上个月与本公司解除劳动合同取得一次性补偿金的非居民个人所得税计算与申报。

🔔 技能要求

　　1. 能熟练完成非居民解除劳动合同一次性补偿金个人所得税应纳税额的计算。

2. 在自然人电子税务局熟练办理非居民解除劳动合同一次性补偿金项目的单个和批量填报。

3. 会熟练办理非居民解除劳动合同一次性补偿金项目信息的单个或批量修改、删除及查询。

案例情景

2022年1月，部分非居民员工与某出版社解除劳动合同取得一次性补偿收入。

资料1：非居民员工基础信息（见表3-1）

表3-1 非居民员工基础信息表

姓名	证件号码	国籍	出生国家	证件类型	性别	出生日期	任职受雇从业类型	手机号码	任职受雇日期	首次入境时间	预计离境时间	涉税事由
艾伯伦	H145642	美国	美国	外国护照	男	1980-01-14	雇员	1997894××××	2021-08-02	2021-08-01	2022-03-01	任职受雇
安德鲁	E179034	英国	英国	外国护照	男	1987-03-07	雇员	1773457××××	2021-08-03	2021-08-01	2022-03-22	任职受雇
安吉拉	H149020	美国	美国	外国护照	女	1990-09-17	雇员	1831256××××	2021-08-01	2021-08-01	2022-03-07	任职受雇

资料2：解除劳动合同支付补偿金情况

（1）出版社高管艾伯伦，2022年1月2日依法与公司解除劳动合同，公司支付其一次性补偿金280 000元。

（2）2022年1月4日，出版社与安德鲁解除劳动合同，并给予其一次性经济补偿金250 000元；领取补偿金时按照国家规定比例缴纳三险一金20 000元。

（3）2022年1月7日，安吉拉因病治疗后不能从事原工作，也不能从事由公司另行安排的其他工作，劳动能力鉴定为五级，按照《中华人民共和国劳动合同法》的规定，依法与公司解除劳动合同。公司一次性支付安吉拉补偿金120 000元、支付医疗补偿金100 000元。安吉拉离职前12个月平均工资为7 000元/月。

杭州市2021年度职工年平均工资60 000元。请进行2022年1月份非居民员工与该出版社解除劳动合同取得一次性补偿收入的个人所得税申报。

一、业务要求和业务要点

（一）业务要求

（1）了解个人与单位解除劳动关系取得一次性补偿金的相关政策。

（2）对艾伯伦等非居民解除劳动合同而取得一次性补偿金个人所得税应纳税额进行准确计算。

（3）初步完成非居民解除劳动合同而取得一次性补偿金时应扣缴的个人所得税的计算。

（4）在自然人电子税务局熟练完成非居民解除劳动合同一次性补偿金项目的单个和批量填报。

（5）能够使用自然人电子税务局进行非居民解除劳动合同一次性补偿金项目相关信息的修改、删除及查询，包括查询、删除、单个修改或批量修改具体人员的填报信息。

（6）完成非居民解除劳动合同一次性补偿金项目的申报，发送申报表，完成个人所得税的扣缴。

（二）业务要点

1. 个人与用人单位解除劳动关系取得的一次性补偿金的政策

《财政部 税务总局关于个人所得税法修改后有关优惠政策衔接问题的通知》（财税〔2018〕164号）第五条"关于解除劳动关系、提前退休、内部退养的一次性补偿收入的政策"规定：个人与用人单位解除劳动关系取得一次性补偿收入（包括用人单位发放的经济补偿金、生活补助费和其他补助费），在当地上年职工平均工资3倍数额以内的部分，免征个人所得税；超过3倍数额的部分，不并入当年综合所得，单独适用综合所得税率表，计算纳税。

当地上年职工平均工资选择直辖市或设区的市政府公布的"本地区上年度职工月平均工资"，即市级"上年社平工资"。

个人领取一次性补偿收入时按照国家和地方政府法规的比例实际缴纳的住房公积金、医疗保险费、基本养老保险费、失业保险费，可以在计征其一次性补偿收入的个人所得税时予以扣除。

2. 综合所得税率表（见表3-2）

表3-2　综合所得税率表

级　　数	全年应纳税所得额	预扣率（%）/税率	速算扣除数（元）
1	不超过36 000元的	3	0
2	超过36 000元至144 000元的部分	10	2 520
3	超过144 000元至300 000元的部分	20	16 920
4	超过300 000元至420 000元的部分	25	31 920
5	超过420 000元至660 000元的部分	30	52 920
6	超过660 000元至960 000元的部分	35	85 920
7	超过960 000元的部分	45	181 920

二、业务流程和实务操作

（一）业务流程（见图3-2）

图3-2 非居民解除劳动合同一次性补偿金个人所得税申报流程

（二）实务操作

1. 非居民解除劳动合同一次性补偿金个人所得税应纳税额的计算

（1）艾伯伦应纳税额计算。首先计算免征额，个人因与用人单位解除劳动合同而取得的一次性补偿收入在当地上年职工平均工资3倍数额以内的部分，免征个人所得税；超过当地上年职工平均工资3倍数额的部分，不并入当年综合所得，单独纳税，适用综合所得税率表。

①免税金额=当地上年职工年平均工资×3=60 000×3=180 000（元）。

②应纳税所得额=280 000-180 000=100 000（元）。

③应纳个人所得税=100 000×10%-2 520=7 480（元）。

（2）安德鲁应纳税额计算。个人因与用人单位解除劳动合同而取得的一次性补偿收入，在扣减领取一次性补偿时按照国家和地方政府规定的比例实际缴纳的住房公积金、医疗保险费、基本养老保险费、失业保险费后，分段计算个人所得税。

①免税金额=当地上年职工年平均工资×3=60 000×3=180 000（元）。

②计算应纳税所得额=一次性补偿收入-按规定缴纳的三险一金-免征额=250 000-20 000-180 000=50 000（元）。

③应纳个人所得税=50 000×10%-2 520=2 480（元）。

（3）安吉拉应纳税额计算。个人因与用人单位解除劳动合同而取得的一次性补偿收入，包括用人单位发放的经济补偿金、生活补助费和其他补助费用。

①免税金额=当地上年职工年平均工资×3=60 000×3=180 000（元）。

②应纳税所得额=120 000+100 000-180 000=40 000（元）。

③应纳个人所得税=40 000×10%-2 520=1 480（元）。

医疗补偿金注释：劳动能力鉴定为五级的，用人单位应当支付不低于6个月工资的医疗补助费。医疗补偿金下限=7 000×6=42 000（元）。100 000元>42 000元，符合法律规定。

2. 非居民解除劳动合同一次性补偿金个人所得税的填报

（1）设定上年平均工资。修改计算机时间为2022年2月后，打开【设置公积金上限】对话框，设置年平均工资为60 000元，并进行重新登录，如图3-3所示。

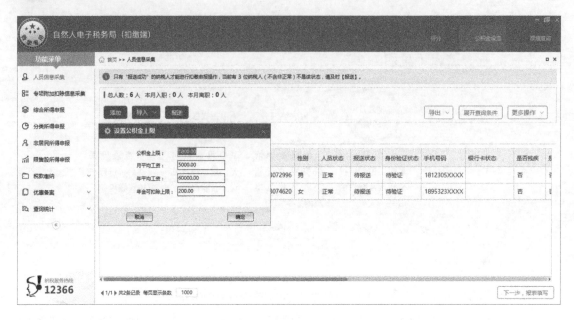

图3-3　设置年平均工资

（2）填写解除劳动合同一次性补偿金申报表。人员信息填报完成后，单击【非居民所得申报】，进入解除劳动合同一次性补偿金信息填写界面并根据案例资料进行相关信息的填报，之后进行税款计算，如图3-4和图3-5所示。

解除劳动合同一次性补偿金 编辑					×

基本信息

| 工号： | 请输入工号 | 证件类型： | 外国护照 | 所得期间起： | 2022.01.01 |
| 姓名： | 安吉拉 | 证件号码： | H149020 | 所得期间止： | 2022.01.31 |

本期收入及免税收入

| 一次性补偿收入： | 220000.00 | | 免税收入： | 180000.00 |

扣除及减除

其他：	0.00				
实际捐赠额：	0.00	捐赠方式：	限额扣除	准予扣除的捐赠额：	0.00
扣除及减除项目合计：	0.00				

税款计算

应纳税所得额：	40000.00	税率：	10.00 %	速算扣除数：	2520.00
应纳税额：	1480.00	减免税额：	0.00		
应扣缴税额：	1480.00	已缴税额：	0.00	应补（退）税额：	1480.00
备注：					

温馨提示：本地年平均工资为：60000.00元

保存　　　关闭

图3-4　解除劳动合同一次性补偿金信息填写界面

图3-5 税款计算界面

（3）填写附表。单击【附表填写】→【减免事项附表】，依次填写相关人员减免事项的附表数据，如图3-6和图3-7所示。

图3-6 附表填写界面

图3-7 附表填写汇总界面

（4）审核并进行申报表报送。审核填报信息，如果准确无误，则依次单击【申报表报送】→【发送申报】→【获取反馈】按钮，完成申报，如图3-8所示。

图3-8 申报表报送界面

（5）税款缴纳。申报成功后，单击【税款缴纳】，进行三方协议缴税。单击【立即缴款】，完成税款缴纳，如图3-9所示。

图3-9 税款缴纳界面

三、填表说明及注意事项

（一）填表说明

1. "一次性补偿收入"：该项在填写时应包括用人单位发放的经济补偿金、生活补助费和其他补助费用，如安吉拉的收入填写中应当包括单位支付的医疗补偿金10万元。

2. "免税收入"：在系统中设置好年平均工资后自动获取，即当地上年职工平均工资3倍数额以内的部分，免征个人所得税。注意设置完成后，需要退出系统，重新登录，方可生效。

（二）注意事项

无。

任务二 非居民个人股权激励收入业务处理

📖 任务描述

在2022年2月15日前，完成上个月取得股权激励收入的非居民个人所得税计算与申报。

🔔 技能要求

1. 能熟练完成非居民个人股权激励收入个人所得税应纳税额的计算。

2. 能在自然人电子税务局熟练办理非居民个人股权激励收入项目的单个和批量填报。

3. 会熟练办理非居民个人股权激励收入项目信息的单个或批量修改、删除及查询。

📖案例情景

2022年1月，出版社非居民员工取得股权激励收入，均不享受递延纳税政策。

资料1：非居民员工基础信息（见表3-3）

表3-3 非居民员工基础信息表

姓名	证件号码	国籍	出生国家	证件类型	性别	出生日期	任职受雇从业类型	手机号码	任职受雇日期	首次入境时间	预计离境时间	涉税事由
布莱恩	H145678	美国	美国	外国护照	男	1980-01-14	雇员	1907894××××	2021-10-02	2021-10-02	2022-03-01	任职受雇
贝丽	H146780	美国	美国	外国护照	女	1990-09-17	雇员	1591256××××	2021-09-03	2021-09-02	2022-05-01	任职受雇

资料2：取得股权激励收入资料

（1）布莱恩是无住所外籍人员，是出版社一名非高管员工，预计2022年在境内居住天数不满90天。2022年1月，布莱恩先生取得出版社支付的股权激励所得40万元，其中归属于出版社工作期间的所得18万元，1月份境内工作天数25天，股权激励对应所属工作期间公历天数为25天，不考虑税收协定因素。

（2）贝丽是无住所外籍人员，是出版社一名非高管员工，预计2022年境内居住天数超过90天但不满183天。其因2021年在出版社工作表现出色，被授予不可公开交易的股票期权5 000股，授予日股票价格为10元，授予期权价格为8元，规定可在2022年1月1日行权；假定贝丽2021年在中国境内的工作天数为80天，股权激励对应所属工作期间公历天数为120天，境外工作天数40天，于2022年1月1日全部行权，且行权当天股票市价为19元。

一、业务要求和业务要点

（一）业务要求

（1）了解非居民个人取得股权激励收入的相关政策。

（2）对布莱恩等非居民个人取得股权激励收入个人所得税应纳税额进行准确计算。

（3）初步完成非居民个人取得股权激励收入时应扣缴的个人所得税的计算。

（4）在自然人电子税务局熟练完成非居民个人股权激励收入项目的单个和批量填报。

（5）能够使用自然人电子税务局进行非居民个人股权激励收入项目相关信息的修改、删除及查询，包括查询、删除、单个修改或批量修改具体人员的填报信息。

（6）完成非居民个人股权激励收入项目的申报，发送申报表，完成个人所得税的扣缴。

（二）业务要点

1. 非居民个人股权激励收入的政策

股权激励包括股票期权、股权期权、限制性股票、股票增值权、股权奖励以及其他因认购股票等有价证券而从雇主取得的折扣或者补贴等。

无住所个人在境内履职或者执行职务时收到的数月奖金或者股权激励所得，归属于境外工作期间的部分，为来源于境外的工资薪金所得；无住所个人停止在境内履约或者执行职务离境后收到的数月奖金或者股权激励所得，对属于境内工作期间的部分，为来源于境内的工资薪金所得。

非居民个人取得股权激励的，应按照《财政部 税务总局关于非居民个人和无住所居民个人有关个人所得税政策的公告》（财政部 税务总局公告2019年第35号）的第三条第二款第三项的规定来计算非居民个人所得税税款，具体规定如下：非居民个人一个月内取得股权激励所得，单独按照本公告第二条规定计算当月收入额，不与当月其他工资薪金合并，按6个月分摊计税（一个公历年度内的股权激励所得应合并计算），不减除费用，适用月度税率表计算应纳税额，计算公式如下：

当月股权激励所得应纳税额=[（本公历年度内股权激励所得合计额÷6）×适用税率 − 速算扣除数]×6 − 本公历年度内股权激励所得已纳税额

2. 非居民个人工资、薪金所得，劳务报酬所得，稿酬所得，特许权使用费所得适用税率表（又称月度税率表，见表3-4）

表3-4　月度税率表

级　数	全月应纳税所得额	税率（%）	速算扣除数（元）
1	不超过3 000元的	3	0
2	超过3 000元至12 000元的部分	10	210
3	超过12 000元至25 000元的部分	20	1 410
4	超过25 000元至35 000元的部分	25	2 660
5	超过35 000元至55 000元的部分	30	4 410
6	超过55 000元至80 000元的部分	35	7 160
7	超过80 000元的部分	45	15 160

二、业务流程和实务操作

（一）业务流程（见图3-10）

申报表填写	附表填写	申报表报送	税款缴纳
根据案例情景资料，填写股权激励收入相关申报表	根据案例情景资料进行相关附表的填写	申报表核实无误后，进行发送并获取反馈	申报表发送成功后，进行三方协议缴税

图3-10　非居民个人股权激励收入个人所得税申报流程

（二）实务操作

1. 非居民个人股权激励收入个人所得税应纳税额的计算

（1）布莱恩应纳税额计算。

2022年1月布莱恩应纳税额=[（本公历年度内股权激励所得合计额÷6）×适用税率-速算扣除数]×6-本公历年度内股权激励所得已纳税额={[（180 000）÷6]×25%-2 660}×6-0=29 040（元）。

（2）贝丽应纳税额计算。员工在行使期权购买股票时，股票期权形式的工资薪金应纳税所得额=（行权股票的每股市场价-员工取得该股票期权支付的每股施权价）×股票数量。

2022年1月贝丽应纳税所得额=（19-8）×5 000=55 000（元）。

股权激励中归属于中国境内的所得=股权激励×所属期间境内工作天数÷所属期间公历天数=55 000×80÷120=36 666.67（元）。

单月应纳税所得额=36 666.67÷6=6 111.11（元），查月度税率表可知税率为10%，速算扣除数为210元。

应纳税额=[（36 666.67÷6）×10%-210]×6-0=2 406.67（元）。

2. 非居民个人股权激励收入个人所得税的填报

（1）填写申报表。修改计算机时间为2022年2月后，依次单击【非居民所得申报】→【收入及减除填写】→【个人股权激励收入】，进行相关人员的申报表填写，如图3-11～图3-13所示。

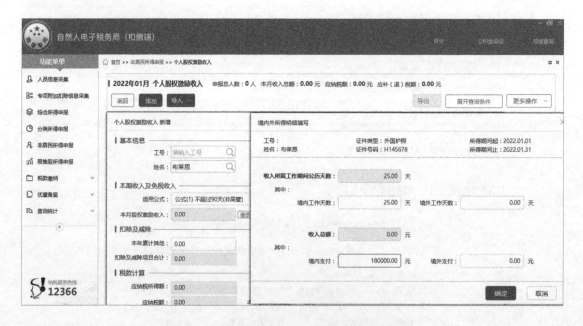

图3-11　个人股权激励收入信息填写界面（布莱恩）

图3-12 个人股权激励收入信息填写界面（贝丽）

图3-13 税款计算界面

（2）填写附表。单击【附表填写】后，提示无须填写任何附表，如图3-14所示。

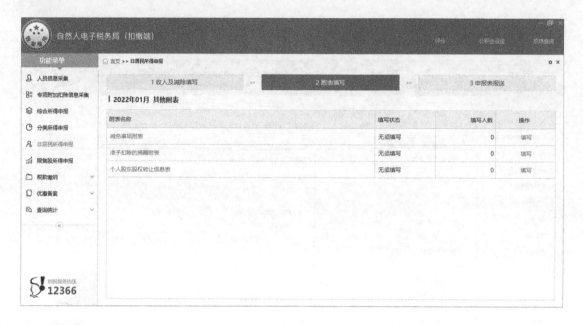

图3-14　附表填写界面

（3）审核并进行申报表报送。审核填报信息，如果准确无误，则依次单击【申报表报送】→【发送申报】→【获取反馈】按钮，完成申报，如图3-15所示。

图3-15　申报表报送界面

（4）税款缴纳。申报成功后，单击【税款缴纳】，进行三方协议缴税。单击【立即缴款】，完成税款缴纳，如图3-16所示。

图3-16 税款缴纳界面

三、填表说明及注意事项

（一）填表说明

（1）"适用公式"：根据案例具体情况进行填写，注意公式选择是按照所得所属期间计算的。例如，贝丽应按照2021年对应居住天数选择"公式（2）超过90天不满183天（非高管）"。

（2）"本月股权激励收入"：根据案例具体情况进行填写，例如贝丽境内工作天数80天，境外工作天数40天，境内支付5 500元，境外支付为0元。

（3）"本年累计股权激励收入（不含本月）"：本年不含本月的所有股权激励收入之和。

（二）注意事项

无。

03 任务三 非居民税收递延型商业养老金所得业务处理

📖 任务描述

在2022年2月15日前，完成上个月非居民税收递延型商业养老金个人所得税的计算与申报。

🔔 技能要求

1. 能熟练完成非居民税收递延型商业养老金个人所得税应纳税额的计算。

2. 能在自然人电子税务局熟练办理非居民税收递延型商业养老金项目的单个和批量填报。

3. 会熟练办理非居民税收递延型商业养老金项目信息的单个或批量修改、删除及查询。

📖 案例情景

某出版社位于上海市黄浦区，2018年5月1日公司开始为其部分非居民员工通过其商业养老金账户在中国人民人寿保险股份有限公司上海市分公司购买符合条件的税收递延型商业养老保险。2022年1月，部分非居民员工开始领取税收递延型商业养老金，中国人民人寿保险股份有限公司需要为其扣缴个人所得税。

资料1：非居民员工基础信息（见表3-5）

表3-5 非居民员工基础信息表

姓名	证件号码	国籍	出生国家	证件类型	性别	出生日期	任职受雇从业类型	手机号码	首次入境时间	预计离境时间	涉税事由
詹姆斯	H145667	美国	美国	外国护照	男	1962-01-14	其他	1777894××××	2018-05-02	2022-05-01	其他
洛 根	E179012	英国	英国	外国护照	男	1962-01-09	其他	1893457××××	2018-05-01	2022-05-22	其他
安德丽	H146789	美国	美国	外国护照	女	1980-09-17	其他	1591256××××	2018-05-08	2022-05-07	其他

资料2：领取税收递延型商业养老金资料

（1）出版社每月通过商业养老金账户为詹姆斯购买税收递延型商业养老保险，詹姆斯2022年1月达到法定退休年龄，账户余额共365 000元，詹姆斯决定每年1月领取一次，每次领取20 000元。

（2）出版社每月通过商业养老金账户为洛根购买税收递延型商业养老保险，洛根2022年1月达到法定退休年龄，账户余额共285 000元，每月可领取1 500元税收递延型养老金。

（3）出版社每月通过商业养老金账户为安德丽购买税收递延型商业养老保险，2022年1月安德丽并未达到法定退休年龄，但是安德丽2021年1月查出身患脑癌，属于保险合同约定的罹患重大疾病情况，故安德丽1月一次性领取全部税收递延型养老金210 000元。

一、业务要求和业务要点

（一）业务要求

（1）对詹姆斯等非居民个人领取税收递延型商业养老金个人所得税应纳税额进行准确计算。

（2）初步完成非居民个人领取税收递延型商业养老金时应扣缴的个人所得税的计算。

（3）在自然人电子税务局熟练完成非居民税收递延型商业养老金项目的单个和批量填报。

（4）能够使用自然人电子税务局进行非居民税收递延型商业养老金项目相关信息的修

改、删除及查询，包括查询、删除、单个修改或批量修改具体人员的填报信息。

（5）完成非居民税收递延型商业养老金项目的申报，发送申报表，完成个人所得税的扣缴。

（二）业务要点

1. 个人缴费税前扣除标准

取得工资薪金、连续性劳务报酬所得的个人，其缴纳的保费准予在申报扣除当月计算应纳税所得额时予以限额据实扣除，扣除限额按照当月工资薪金、连续性劳务报酬收入的6%和1 000元孰低办法确定。取得个体工商户生产经营所得、对企事业单位的承包承租经营所得的个体工商户业主、个人独资企业投资者、合伙企业自然人合伙人和承包承租经营者，其缴纳的保费准予在申报扣除当年计算应纳税所得额时予以限额据实扣除，扣除限额按照不超过当年应税收入的6%和12 000元孰低办法确定。

2. 账户资金收益暂不征税

计入个人商业养老金账户的投资收益，在缴费期间暂不征收个人所得税。

取得连续性劳务报酬所得，是指纳税人连续6个月以上（含6个月）为同一单位提供劳务而取得的所得。

3. 关于领取商业养老金时的税款征收

非居民个人按规定领取税收递延型商业养老金时，由保险公司代扣代缴其应缴的个人所得税。征收个人所得税时免征25%，剩余75%按照10%税率计征。

二、业务流程和实务操作

（一）业务流程（见图3-17）

图3-17　非居民税收递延型商业养老金个人所得税申报流程

（二）实务操作

1. 非居民税收递延型商业养老金个人所得税应纳税额计算

（1）詹姆斯应纳税额计算。

每年免税额=20 000×25%=5 000（元），年应缴纳税额=（20 000−5 000）×10%=1 500（元）。

（2）洛根应纳税额计算。

每月免税额=1 500×25%=375（元），月应缴纳税额=（1 500−375）×10%=112.5（元）。

（3）安德丽应纳税额计算。

总共免税额=210 000×25%=52 500（元），总共应缴纳税额=（210 000−52 500）×10%=15 750（元）。

2. 非居民税收递延型商业养老金个人所得税的填报

（1）填写申报表。修改计算机时间为2022年2月后，依次单击【非居民所得申报】→【收入及减除填写】→【税收递延型商业养老金】，进行相关人员的申报表填写，如图3-18和图3-19所示。

图3-18 税收递延型商业养老金信息填写界面

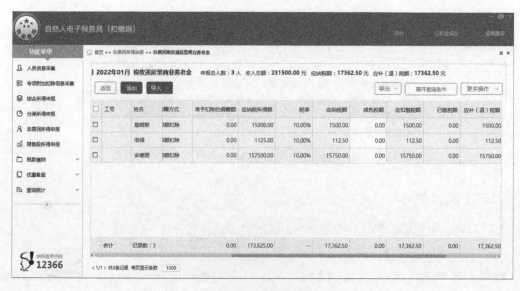

图3-19 税款计算界面

（2）填写附表。单击【附表填写】，按提示填写减免事项附表，如图3-20和图3-21所示。

图3-20　减免事项填写界面

图3-21　减免事项填写汇总界面

（3）审核并进行申报表报送。审核填报信息，如果准确无误，则依次单击【申报表报送】→【发送申报】→【获取反馈】按钮，完成申报，如图3-22所示。

图3-22 申报表报送界面

（4）税款缴纳。申报成功后，单击【税款缴纳】，进行三方协议缴税。单击【立即缴款】，完成税款缴纳，如图3-23所示。

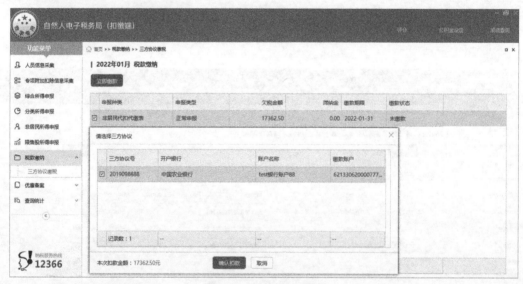

图3-23 税款缴纳界面

三、填表说明及注意事项

（一）填表说明

（1）"收入"：根据案例具体情况，填写本月领取税收递延型商业养老保险的养老金收入。

（2）"免税收入"：默认带出收入乘以25%的值，可手动修改。

（3）"税率"：按照10%的税率计算缴纳个人所得税。

（二）注意事项

无。

任务四　非居民其他所得业务处理

📖 任务描述

在2022年2月15日前，完成上个月非居民个人取得各类所得个人所得税的计算与申报。

🔔 技能要求

1. 能熟练完成非居民取得境内外工资薪金、数月奖金、劳务报酬、稿酬等非居民其他所得项目的个人所得税应纳税额的计算。

2. 能在自然人电子税务局熟练办理各类非居民其他所得项目的单个和批量填报。

3. 能熟练进行各类非居民其他所得项目报税时相关信息的修改、删除及查询。

📷 案例情景

2022年1月，非居民个人在出版社取得工资薪金、数月奖金、劳务报酬、稿酬、特许权使用费、财产租赁所得、财产转让所得及偶然所得，以下案例不考虑其他税费及税收协定的影响。

资料1：非居民员工基础信息（见表3-6）

表3-6　非居民员工基础信息表

姓名	证件号码	国籍	出生国家	证件类型	性别	出生日期	任职受雇从业类型	手机号码	任职受雇从业日期	首次入境时间	预计离境时间	涉税事由
艾伯伦	H145642	美国	美国	外国护照	男	1980-01-14	雇员	1997894××××	2021-08-02	2021-08-01	2022-03-01	任职受雇
安德鲁	E179034	英国	英国	外国护照	男	1987-03-07	雇员	1773457××××	2021-08-03	2021-08-01	2022-03-22	任职受雇
安吉拉	H149020	美国	美国	外国护照	女	1990-09-17	雇员	1831256××××	2021-08-01	2021-08-01	2022-03-07	任职受雇
布莱恩	H145678	美国	美国	外国护照	男	1980-01-14	雇员	1907894××××	2021-10-02	2021-10-02	2022-03-01	任职受雇
贝　丽	H146780	美国	美国	外国护照	女	1990-09-17	雇员	1591256××××	2021-09-03	2021-09-02	2022-05-01	任职受雇
詹姆斯	H145667	美国	美国	外国护照	男	1962-01-14	雇员	1777894××××	2018-05-02	2018-05-02	2022-05-01	任职受雇
杰　登	E5110813	英国	英国	外国护照	男	1991-10-05	其他	—	—	2021-12-20	2022-05-25	其他

资料2：非居民个人取得各类所得资料

（1）外籍个人布莱恩是出版社的一名高管，在中国无住所（预计2022年在中国境内累计居住不足90天），出版社支付其2022年1月份的基本工资20 000元。布莱恩2022年1月份境内工作天数31天，2022年1月公历天数31天。

（2）外籍个人贝丽受美国任职的乐期公司委托来出版社工作，非高管，在中国无住所（预计2022年在中国境内累计居住不足90天）。2022年1月，出版社支付其工资9 000元，同时其所在境外机构支付工资折合人民币6 000元。贝丽2022年1月境内工作天数16天，境外工作天数15天，2022年1月份公历天数31天。

（3）贝丽2021年在中国无住所（2021年在中国境内累计居住满90天但不满183天）。2022年1月，美国乐期公司支付贝丽第四季度奖金100 000元，出版社支付其第四季度奖金200 000元。贝丽2021年第四季度公历工作天数92天，其中境内工作天数60天。

（4）2022年1月，出版社邀请杰登为本出版社新项目进行剪彩，支付其90 000元。

（5）2022年1月，艾伯伦在出版社出版了书籍一本，出版社支付其稿酬100 000元。

（6）2022年1月，安德鲁将其拥有的一项专利技术提供给出版社使用，收取使用费50 000元。

（7）2022年1月，出版社从安吉拉处租得一台大型印刷设备用于生产经营，按月支付租赁费，1月份支付安吉拉4 500元。

（8）2022年1月，本出版社从詹姆斯处购买了一套大型印刷设备用于生产经营，支付其70 000元，转让过程中詹姆斯支付了相关的合理税费3 000元。该设备是詹姆斯在2015年以30 000元购入的，可以提供财产原值凭证。

（9）2022年1月，杰登在出版社的推广活动中，通过抽奖获得1 000元的网络红包，该红包可直接提现。

一、业务要求和业务要点

（一）业务要求

（1）了解非居民个人的工资薪金所得在不同情形下的计算方法。

（2）对布莱恩等非居民个人取得各类所得个人所得税应纳税额进行准确计算。

（3）初步完成非居民个人取得各类所得时应扣缴的个人所得税的计算。

（4）在自然人电子税务局熟练完成非居民个人各类所得项目的单个和批量填报。

（5）能够使用自然人电子税务局进行非居民个人各类所得项目相关信息的修改、删除及查询，包括查询、删除、单个修改或批量修改具体人员的填报信息。

（6）完成非居民个人各类所得项目的申报，发送申报表，完成个人所得税的扣缴。

（二）业务要点

1. 非居民个人取得工资薪金所得

（1）无住所个人为非居民个人的情形（非高管）。

①非居民个人境内居住时间累计不超过90天：

$$当月工资薪金收入额 = 当月境内外工资薪金总额 \times \frac{当月境内支付工资薪金总额}{当月境内外工资薪金总额} \times \frac{当月工资薪金所属工作期间境内工作天数}{当月工资薪金所属工作期间公历天数}$$

②非居民个人境内居住时间累计超过90天不满183天：

$$当月工资薪金收入额 = 当月境内外工资薪金总额 \times \frac{当月工资薪金所属工作期间境内工作天数}{当月工资薪金所属工作期间公历天数}$$

非居民个人的工资薪金所得，以每月收入额减除费用5 000元后的余额为应纳税所得额。

（2）无住所个人为高管人员的情形。

①高管人员在境内居住时间累计不超过90天：

$$当月工资薪金收入额 = 当月境内支付或者负担的工资薪金收入额$$

②高管人员在境内居住时间累计超过90天不满183天：

$$当月工资薪金收入额 = 当月境内外工资薪金总额 \times \left(1 - \frac{当月境外支付工资薪金总额}{当月境内外工资薪金总额} \times \frac{当月工资薪金所属工作期间境外工作天数}{当月工资薪金所属工作期间公历天数} \right)$$

非居民个人的工资薪金所得，以每月收入额减除费用5 000元后的余额为应纳税所得额。

（3）无住所个人为居民个人的情形。

①无住所居民个人在境内居住累计满183天的年度连续不满六年：

$$当月工资薪金收入额 = 当月境内外工资薪金总额 \times \left(1 - \frac{当月境外支付工资薪金总额}{当月境内外工资薪金总额} \times \frac{当月工资薪金所属工作期间境外工作天数}{当月工资薪金所属工作期间公历天数} \right)$$

②无住所居民个人在境内居住累计满183天的年度连续满六年：

$$当月工资薪金收入额=当月境内外工资薪金总额$$

2. 非居民个人一个月内取得数月奖金

$$当月数月奖金应纳税额=[（数月奖金收入额÷6）×适用税率-速算扣除数]×6$$

3. 非居民个人劳务报酬所得

$$应纳税额=[每次收入×（1-20\%）-免税收入-准予扣除的捐赠额]×$$
$$适用税率-速算扣除数$$

4. 非居民个人稿酬所得

$$应纳税额=[每次收入×（1-20\%）×70\%-免税收入-准予扣除的捐赠额]×$$
$$适用税率-速算扣除数$$

5. 非居民个人特许权使用费所得

$$应纳税额=[每次收入×（1-20\%）-免税收入-准予扣除的捐赠额]×$$
$$适用税率-速算扣除数$$

6. 非居民个人财产租赁所得

（1）每次（月）收入额不足4 000元：

$$应纳税额=应纳税所得额×适用税率=[每次（月）收入额-允许扣除的项目-$$
$$修缮费用（800元为限）-800-允许扣除的公益慈善捐赠额]×20\%$$

（2）每次（月）收入额在4 000元以上：

$$应纳税额=应纳税所得额×适用税率=[每次（月）收入额-允许扣除的项目-$$
$$修缮费用（800元为限）-允许扣除的公益慈善捐赠额]×（1-20\%）×20\%$$

7. 非居民个人财产转让所得

$$应纳税额=（转让财产收入额-财产原值-合理费用-准予扣除的捐赠额）×20\%$$

8. 非居民个人偶然所得

$$应纳税额=（每次收入额-准予扣除的捐赠金额）×20\%$$

二、业务流程和实务操作

（一）业务流程（见图3-24）

申报表填写 → 附表填写 → 申报表报送 → 税款缴纳

根据案例情景资料，填写相关申报表　　根据案例情景资料进行相关附表的填写　　申报表核实无误后，进行发送并获取反馈　　申报表发送成功后，进行三方协议缴税

图3-24　非居民各类所得个人所得税申报流程

（二）实务操作

1. 非居民个人各类所得个人所得税应纳税额的计算

（1）布莱恩取得正常工资薪金所得。布莱恩为高管人员，2022年预计在境内居住时间累计不超过90天的情形适用公式：当月工资薪金收入额=当月境内支付或者负担的工资薪金收入额。非居民个人的工资、薪金所得，以每月收入额减除费用5 000元后的余额为应纳税所得额。

1月份布莱恩取得正常工资薪金所得应纳税额 =（20 000−5 000）×20%−1 410 =1 590（元）。

（2）贝丽取得正常工资薪金所得。贝丽为非高管人员，2022年预计境内居住时间累计不超过90天的情形适用公式：当月工资薪金收入额=当月境内外工资薪金总额×（当月境内支付工资薪金总额÷当月境内外工资薪金总额）×（当月工资薪金所属工作期间境内工作天数÷当月工资薪金所属工作期间公历天数）。

1月份贝丽取得正常工资薪金所得应纳税所得额=15 000×（9 000÷15 000）×（16÷31）−5 000= − 354.84（元）；

1月份贝丽取得正常工资薪金应纳税额=0（元）。

（3）贝丽取得数月奖金。贝丽为非高管人员，2021年在中国境内累计居住满90天但不满183天。数月奖金应税收入参照非居民个人取得工资薪金所得的计算公式，即适用非居民个人境内居住时间累计超过90天不满183天的情形。

1月份贝丽取得数月奖金应税收入=300 000×（60÷92）=195 652.17（元）。

1月份贝丽取得数月奖金应纳税额=[（195 652.17÷6）×25% − 2 660]×6=32 953.04（元）。

（4）杰登取得劳务报酬所得。非居民劳务报酬所得无须预扣预缴，适用月度税率表。

1月份杰登取得劳务报酬所得应纳税额=[每次收入×（1−20%）-免税收入-准予扣除的捐赠额]×适用税率-速算扣除数=[90 000×（1−20%）]×35%−7 160=18 040（元）。

（5）艾伯伦取得稿酬所得。

1月份艾伯伦取得稿酬所得应纳税额=[每次收入×（1−20%）×70%−免税收入−准予扣除

的捐赠额]×适用税率-速算扣除数=[100 000×（1-20%）×70%]×35%-7 160=12 440（元）。

（6）安德鲁取得特许权使用费所得。

1月份安德鲁取得特许权使用费所得应纳税额=[每次收入×（1-20%）- 免税收入 - 准予扣除的捐赠额]×适用税率 - 速算扣除数=[50 000×（1-20%）]×30% - 4 410=7 590（元）。

（7）安吉拉取得财产租赁所得。

1月份安吉拉取得财产租赁所得应纳税额=[每次（月）收入额 - 允许扣除的项目 - 修缮费用（800元为限）- 允许扣除的公益慈善捐赠额]×（1-20%）×20%=4 500×（1-20%）×20%=720（元）。

（8）詹姆斯取得财产转让所得。

1月份詹姆斯取得财产转让所得应纳税额=（转让财产收入额-财产原值-合理费用-准予扣除的捐赠额）×20%=（70 000-30 000-3 000）×20%=7 400（元）。

（9）杰登取得偶然所得。

1月份杰登取得偶然所得应纳税额=（每次收入额-准予扣除的捐赠金额）×20%=1 000×20%=200（元）。

2. 非居民个人各类所得个人所得税的填报

（1）填写申报表。修改计算机时间为2022年2月后，依次单击【非居民所得申报】→【收入及减除填写】，进行相关人员的申报表填写。

① 填写无住所个人布莱恩正常工资薪金申报表。进入"无住所个人正常工资薪金"申报界面，选择适用公式"公式（4）不超过90天（高管）"，然后录入收入明细，如图3-25所示。

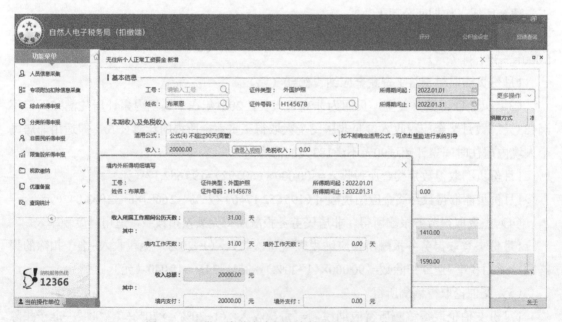

图3-25　正常工资薪金申报信息填写界面（布莱恩）

② 填写无住所个人贝丽正常工资薪金申报表。选择适用公式"公式（1）不超过90天（非高管）"，然后录入收入明细，如图3-26和图3-27所示。

图3-26　正常工资薪金申报信息填写界面（贝丽）

图3-27　无住所个人正常工资薪金税款计算界面

③ 填写无住所个人贝丽数月奖金申报表。进入"无住所个人数月奖金"申报界面，选择适用公式"公式（2）超过90天不满183天（非高管）"，然后录入收入明细，如图3-28和图3-29所示。

图3-28　数月奖金申报信息填写界面

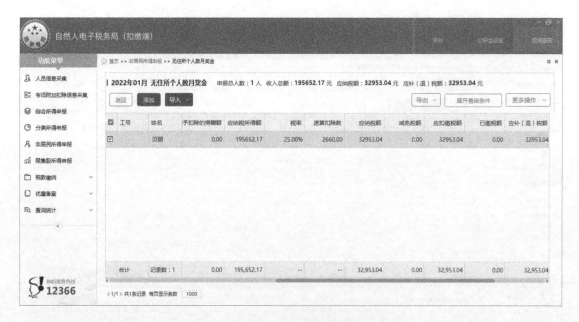

图3-29　无住所个人数月奖金税款计算界面

④填写无住所个人杰登劳务报酬所得申报表。进入"劳务报酬"申报界面，选择所得项目"一般劳务报酬所得"，录入收入明细，如图3-30所示。

图3-30　劳务报酬所得申报信息填写界面

⑤填写无住所个人艾伯伦稿酬所得申报表。进入"稿酬所得"申报界面，录入收入等明细，如图3-31所示。

图3-31　稿酬所得申报信息界面

⑥填写无住所个人安德鲁特许权使用费所得申报表。进入"特许权使用费所得"申报界面，录入收入等明细，如图3-32所示。

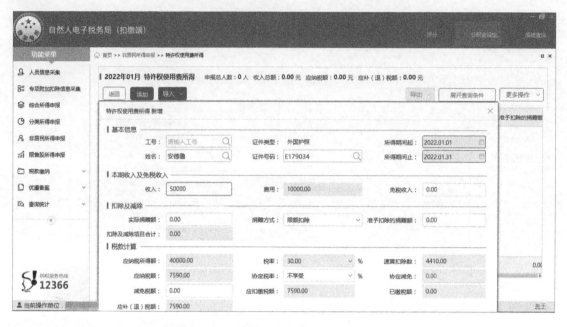

图3-32　特许权使用费所得申报信息填写界面

⑦填写无住所个人安吉拉财产租赁所得申报表。进入"财产租赁所得"申报界面，选择所得项目"其他财产租赁所得"，然后录入收入等明细，如图3-33所示。

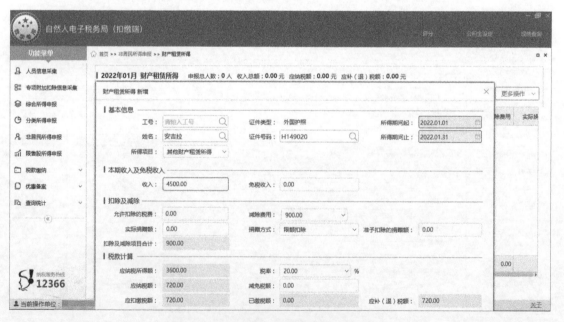

图3-33　财产租赁所得申报信息填写界面

⑧填写无住所个人詹姆斯财产转让所得申报表。进入"财产转让所得"申报界面，选择所得项目"其他财产转让所得"，然后录入收入等明细，如图3-34所示。

图3-34 财产转让所得申报信息填写界面

⑨填写无住所个人杰登偶然所得申报表。进入"偶然所得"申报界面，选择所得项目"其他偶然所得"，然后录入收入等明细，如图3-35所示。

图3-35 偶然所得申报信息填写界面

（2）填写附表。单击【附表填写】后，系统自动生成稿酬所得相应的免税附表，如图3-36所示。

图3-36　附表填写界面

（3）审核并进行申报表报送。依次单击【申报表报送】→【发送申报】→【获取反馈】按钮，完成申报，如图3-37所示。

图3-37　申报表报送界面

（4）税款缴纳。申报成功后，单击【税款缴纳】，进行三方协议缴税。单击【立即缴款】，完成税款缴纳，如图3-38所示。

图3-38 税款缴纳界面

三、填表说明及注意事项

（一）填表说明

1. 无住所个人正常工资薪金所得

（1）"适用公式"：根据案例具体情况进行选择，以本年预计境内居住天数为准。

（2）"收入"：根据案例具体情况进行填写，应录入具体的境内境外工作天数与境内境外支付金额。

2. 无住所个人数月奖金

（1）"适用公式"：根据案例具体情况进行选择，以奖金所属期的年份计算境内居住天数为准。例如：贝丽2022年1月份取得2021年第四季度的数月奖金，选择公式时应以2021年境内居住天数为准。

（2）"收入"：根据案例具体情况进行填写，应录入具体的境内境外工作天数与境内境外支付金额。

（二）注意事项

无。

项目四

限售股转让所得实务

项目描述

本项目主要讲解限售股转让所得个人所得税的业务处理，包括股改限售股、新股限售股、解禁日前孳生的送/转股等具体业务，重难点在于限售股转让的征税与免税情形识别、限售股转让所得的计算等。本项目要求学生熟练掌握限售股转让所得各类业务的处理流程与要求，能根据实际发生的经济业务，进行个人所得税税款的计算与申报。

工作任务

限售股转让所得实务	—— 工作任务 限售股转让所得业务处理

图4-1　限售股转让所得实务处理工作任务

任务　限售股转让所得业务处理

📖 任务描述

根据上海证券交易所个人发生的每笔限售股转让所得，在自然人电子税务局熟练完成收入及减除的填写、扣缴税额的计算及申报表的报送。

🔧 技能要求

1. 能熟练掌握个人转让限售股所得个人所得税的应纳税额计算。
2. 能在自然人电子税务局熟练办理限售股转让所得项目的单个和批量填报。
3. 会熟练办理个人转让所得限售股项目信息的单个或批量修改、删除及查询。

📨 案例情景

上海证券交易所2022年1月个人转让限售股业务如下：

（1）讯飞物流于2019年1月1日首次公开发行股票，发行价10元/股，吴阔持有讯飞物流10万股股票（解禁日2021年12月31日），投资成本5元/股。2022年1月10日，吴阔转让全部股票取得转让收入400万元（平均成交价40元/股），发生相关税费1万元。证券账户号：SH90765457，股票代码：600001，股票名称：讯飞物流。

（2）唐梅持有上市公司天天乐的限售股，系原国企改制而来。2022年1月，唐梅将2 000股通过上海证券交易所转让，转让价格200万元，无法提供原值票据。证券账户号：SH90767321，股票代码：608900，股票名称：天天乐股份。

（3）李国持有上市公司佳乐的限售股100万股，每股成本1元，限售股解禁日为2021年12月20日。该上市公司于2021年12月19日用资本公积中的其他资本公积实行10转10股。12月18日，该股收盘价为50元/股；12月19日10转10后，该股理论上的价格为25元/股。2021年12月25日，李国将全部股份以28元/股的价格转让，发生的转让税费3万元。证券账户号：SH90767875，股票代码：600710，股票名称：佳乐科技。

（4）张强持有上市公司魅力限售股100万股，每股成本1元，限售股解禁日为2021年9月15日。该上市公司于2021年9月17日用资本公积中的股本溢价实行10转5股。9月16日，该股收盘价为60元/股；9月17日10转5后，该股理论上的价格为40元/股。2021年9月18日，张强将全部股份以26元/股的价格转让，发生相关的转让税费2万元。证券账户号：SH90767091，股票代码：609709，股票名称：魅力科技。

2022年1月，上海证券交易所需要对以上个人转让限售股取得收入的业务进行个人所得税申报。

资料：转让限售股人员基础信息（见表4-1）

表4-1 转让限售股人员基础信息表

姓　名	性　别	身　份　证　号	任职受雇从业类型	国籍（地区）
吴阔	男	11010119900307××××	其他	中国
唐梅	女	11010119731107××××	其他	中国
李国	男	11010119680907××××	其他	中国
张强	男	11010119760307××××	其他	中国

一、业务要求和业务要点

（一）业务要求

（1）对吴阔等人取得限售股转让所得个人所得税应纳税额进行准确计算。

（2）初步完成取得限售股转让所得时应扣缴的个人所得税的计算。

（3）在自然人电子税务局熟练完成限售股转让所得项目的单个和批量填报。

（4）能够使用自然人电子税务局进行限售股转让所得项目相关信息的修改、删除及查询，包括查询、删除、单个修改或批量修改具体人员的填报信息。

（5）完成限售股转让所得项目的申报，发送申报表，完成个人所得税的扣缴。

（二）业务要点

《关于个人转让上市公司限售股所得征收个人所得税有关问题的通知》（财税〔2009〕167号）中规定：自2010年1月1日起，对个人转让限售股取得的所得，按照"财产转让所得"，适用20%的比例税率征收个人所得税；纳税人同时持有限售股及该股流通股的，转让股票视同为先转让限售股。限售股转让所得个人所得税，以限售股持有人为纳税义务人，以个人股东开户的证券机构为扣缴义务人。

个人转让限售股，以每次限售股转让收入，减除股票原值和合理税费后的余额，为应纳税所得额。即：

应纳税所得额=限售股转让收入-（限售股原值+合理税费）

应纳税额=应纳税所得额×20%

二、业务流程和实务操作

（一）业务流程（见图4-2）

图4-2　限售股所得个人所得税申报流程

（二）实务操作

1. 个人转让限售股所得个人所得税应纳税额的计算

（1）吴阔限售股所得应纳税额=[4 000 000-（5×100 000+10 000）]×20%=698 000（元）。

（2）无法提供真实准确的原值凭证的，按转让收入的15%核定原值及合理税费。因此，唐梅限售股所得应纳税额=[限售股转让收入-（限售股原值+合理税费）]×20%=2 000 000×（1-15%）×20%=340 000（元）。

（3）由于转股在限售股解禁日前，因此，李国原先持有的100万股限售股和解禁日前限售股孳生出来的100万股转股都属于应征税的限售股范畴。

李国限售股所得应纳税额=[28×2 000 000-（1×1 000 000+30 000）]×20%=10 994 000（元）。

（4）由于转股在限售股解禁日后，因此，张强原先持有的100万股限售股属于应征税的限售股，而在解禁日后限售股孳生出来的50万股转股则不属于应征税的限售股。由于此时张强持有的150万股股份中，只有100万股属于应征税的限售股，另50万股股票转让暂不征收个人所得税。

张强限售股所得应纳税额＝[26×1 000 000－（1×1 000 000+2）]×20%＝4 996 000（元）。

2. 个人转让限售股所得个人所得税的填报

（1）个人转让限售股所得个人所得税的填报如图4-3～图4-10所示。

图4-3　人员信息采集界面（吴阔）

图4-4　限售股转让所得信息填写界面（吴阔）

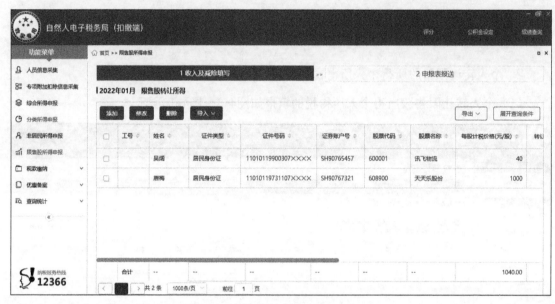

图4-5　人员信息采集界面（唐梅）

图4-6　限售股转让所得信息填写界面（唐梅）

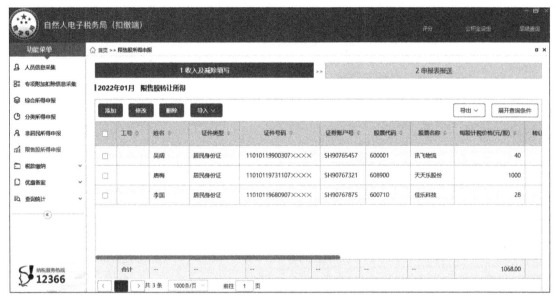

图4-7　人员信息采集界面（李国）

限售股转让所得 编辑

收入及免税

证券账户号：	SH90767875	股票代码：	600710
股票名称：	佳乐科技	每股计税价格(元/股)：	28
转让股数(股)：	2000000	转让收入额：	56000000

扣除及减除

限售股原值：	1000000.00	合理税费：	30000.00
小计：	1030000		

税款计算

应纳税所得额：	54970000	税率：	20.00
扣缴税额：	10994000		

保存　关闭

图4-8　限售股转让所得信息填写界面（李国）

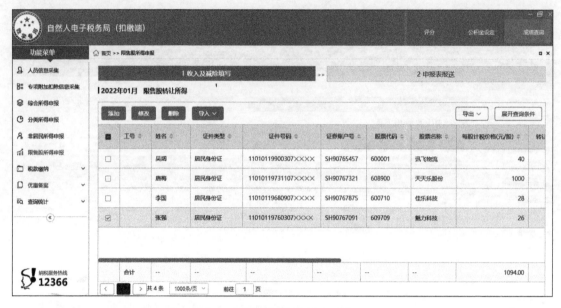

图4-9 人员信息采集界面（张强）

限售股转让所得 编辑

收入及免税

证券账户号：	SH90767091	股票代码：	609709
股票名称：	魅力科技	每股计税价格(元/股)：	26
转让股数(股)：	1000000	转让收入额：	26000000

扣除及减除

限售股原值：	1000000.00	合理税费：	20000.00
小计：	1020000		

税款计算

应纳税所得额：	24980000	税率：	20.00
扣缴税额：	4996000		

保存　关闭

图4-10 限售股转让所得信息填写界面（张强）

（2）审核并进行申报表报送。审核填报信息，如果准确无误，则单击【发送申报】按钮，然后获取反馈，完成分类所得申报，如图4-11所示。若有错误可通过【更正申报】进行处理，若已获取反馈则需进行申报作废操作。

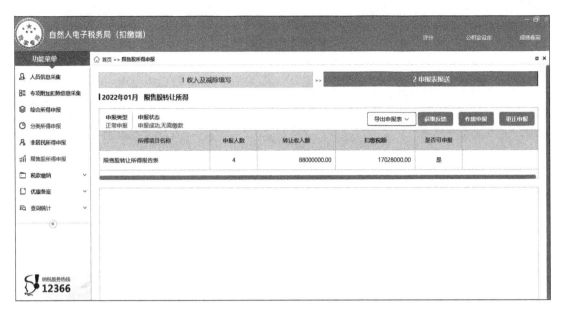

图4-11　申报表报送界面

三、填表说明及注意事项

（一）填表说明

（1）"证券账户号"：填写纳税人证券账户卡上的证券账户号。若转让的限售股是在上海证券交易所上市的，填写证券账户卡（上海）上的证券账户号；若转让的限售股是在深圳证券交易所上市的，填写证券账户卡（深圳）上的证券账户号。

（2）"转让收入额"：填写转让限售股取得的实际收入额，以证券机构提供的加盖印章的当月限售股交易记录汇总数为准。

（3）"限售股原值"：填写取得限售股股票实际付出的成本，并附相关完整、真实的原值凭证。

（4）"合理税费"：填写转让限售股过程中发生的印花税、佣金、过户费等与交易相关的税费。

（二）注意事项

纳税人未能提供完整、真实的限售股原值凭证的，一律按限售股实际转让收入的15%计算限售股原值和合理税费。

项目五

经营所得实务

项目描述

　　本项目主要讲解经营所得个人所得税的业务处理，包括个体工商户经营所得、个人独资企业经营所得、合伙企业经营所得的预扣预缴和汇算清缴工作任务，重难点在于经营所得的汇算清缴。本项目要求学生熟练掌握各类经营所得的预扣预缴和汇算清缴业务的处理流程与要求，能根据实际发生的经济业务，进行纳税计算与申报。

工作任务

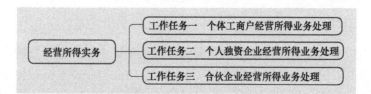

图5-1　经营所得实务处理工作任务

01 任务一　个体工商户经营所得业务处理

📖 任务描述

　　在2022年3月31日前，完成上年个体工商户经营所得的汇算清缴。

🔔 技能要求

　　1. 了解个体工商户经营所得汇算清缴的相关政策。
　　2. 能熟练完成个体工商户经营所得汇算清缴应纳税额的计算。
　　3. 能熟练进行个体工商户经营所得汇算清缴纳税申报表的填报。
　　4. 能熟练进行个体工商户经营所得汇算清缴纳税申报表的更正、作废、导出及税款的缴纳。

案例情景

王继云风味小吃位于杭州，属于个体工商户，适用查账征收；个人所得税征收方式为据实预缴，收入、费用等资料健全。2022年3月，经营者王继云需要进行2021年经营所得汇算清缴，假设上年度经营所得预缴金额为0元。

资料1：王继云基础信息（见表5-1）

表5-1　王继云基础信息表

姓　名	性　别	身份证号	联系电话	任职受雇日期	国　籍
王继云	女	11010119900307××××	1886745××××	2018-01-01	中国

资料2：2021年王继云风味小吃利润表（见表5-2）

表5-2　2021年王继云风味小吃利润表

利　润　表		
纳税人识别号：913302368A09369000		会小企02表
核算单位：王继云风味小吃	2021.12	单位：元
项　　目	本年累计金额	本月金额
一、营业收入	300 000.00	90 000.00
减：营业成本	100 000.00	8 333.00
税金及附加	6 000.00	559.00
其中：消费税	0.00	0.00
城市维护建设税	0.00	0.00
资源税	0.00	0.00
土地增值税	0.00	0.00
城镇土地使用税、房产税、车船税、印花税	0.00	0.00
教育费附加、矿产资源补偿费、排污费	0.00	0.00
销售费用	50 000.00	800.00
其中：商品维修费	0.00	0.00
广告费和业务宣传费	0.00	0.00
管理费用	1 200.00	200.00
其中：开办费	0.00	0.00
业务招待费	0.00	0.00
研究费用	0.00	0.00
财务费用	2 300.00	25.00
其中：利息费用（收入以"-"号填列）	0.00	0.00
加：投资收益（损失以"-"号填列）	0.00	0.00
二、营业利润（亏损以"-"号填列）	140 500.00	80 083.00
加：营业外收入	0.00	0.00

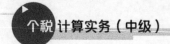
（续）

利 润 表		
其中：政府补助	0.00	0.00
减：营业外支出	6 000.00	0.00
其中：坏账损失	0.00	0.00
无法收回的长期债券投资损失	0.00	0.00
无法收回的长期股权投资损失	0.00	0.00
自然灾害等不可抗力因素造成的损失	0.00	0.00
税收滞纳金	0.00	0.00
三、利润总额（亏损总额以"-"号填列）	134 500.00	80 083.00

资料3：2021年经营中具体业务情况

（1）2021年，王继云个人每月除了从王继云风味小吃领取的工资6 100元及分得的收入外无其他综合所得，每月实际缴纳合规的"三险一金"880元（其中，基本养老保险320元，基本医疗保险280元，失业保险30元，公积金250元），每月依法可享受住房贷款利息1 000元。

（2）王继云以自有资金购买符合规定的商业健康保险产品3 720元，税优识别码202100190213328201，选择在经营所得中扣除，保单有效期：2021年1月1日至2021年12月31日。

（3）2021年，王继云领取工资总额为73 200元，王继云发生的职工教育经费5 600元。杭州市2020年年平均工资为72 000元。

（4）2021年，王继云风味小吃销售费用中包括广告费和业务宣传费46 000元。

（5）2021年发生的管理费用中有200元与王继云个人的生活开支难以区分。

（6）2021年实际发生的业务招待费用为1 000元。

（7）2021年，发生银行罚息2 000元，已经计入财务费用。

（8）2021年，发生税务罚款1 000元，已经计入营业外支出。

（9）王继云风味小吃在进行2021年经营所得汇算清缴中需弥补2019年结转亏损额2 000元，2020年结转的亏损额为4 000元。

一、业务要求和业务要点

（一）业务要求

（1）了解个体工商户经营所得的相关政策规定。

（2）对王继云风味小吃经营所得汇算清缴各项目金额进行准确计算。

（3）在自然人电子税务局熟练完成王继云风味小吃经营所得汇算清缴各项目的单个和批量填报。

（4）能够使用自然人电子税务局进行王继云风味小吃经营所得汇算清缴各项目相关信息的修改、删除及查询，包括查询、删除、单个修改或批量修改具体人员的填报信息。

（5）完成王继云风味小吃经营所得汇算清缴各项目的申报，发送申报表，完成税款扣缴。

（二）业务要点

1. 个体工商户经营所得按规定标准扣除的项目（见表5-3）

表5-3　个体工商户经营所得按规定标准扣除的项目

扣除项目		扣除标准
工资薪金	从业人员合理的部分	准予扣除
	业主	不得扣除
工会经费 职工福利费 职工教育经费支出	个体工商户发生	分别在工资薪金总额的2%、14%、2.5%的标准内据实扣除
	业主本人发生	以当地（地级市）上年度社会平均工资的3倍为计算基数，分别在工资薪金总额的2%、14%、2.5%的标准内据实扣除
五险一金	在规定范围和标准内的准予扣除	
补充养老保险费 补充医疗保险费	为从业人员缴纳	分别在不超过从业人员工资总额5%标准内的部分据实扣除，超过部分不得扣除
	为业主本人缴纳	以当地（地级市）上年度社会平均工资的3倍为计算基数，分别在不超过该计算基数5%标准内的部分据实扣除，超过部分不得扣除
财产保险	按照规定缴纳的保险费，准予扣除	
商业保险	为特殊工种从业人员支付的人身安全保险费	准予扣除
	财政部、国家税务总局规定可以扣除的其他商业保险费	
	其他	不得扣除
借款费用	不需要资本化的费用	准予扣除
	资本化的费用，作为资本性支出计入有关资产的成本	按规定扣除
利息支出	向金融企业借款	准予扣除
	向非金融企业和个人借款	不超过按照金融企业同期同类贷款利率计算的数额的部分准予扣除
汇兑损失	未计入资产成本	准予扣除
	计入资产成本	按规定扣除
业务招待费	（1）与生产经营活动有关的业务招待费，按照实际发生额的60%扣除，但最高不得超过当年销售（营业）收入的5‰。 （2）业主自申请营业执照之日起至开始生产经营之日止所发生的业务招待费，按照实际发生额的60%计入个体工商户的开办费	
广告费和业务宣传费	不超过当年销售（营业）收入15%的部分据实扣除，超过部分准予在以后纳税年度结转扣除	
租赁费	经营租赁	租赁期内均匀扣除
	融资租赁	折旧分期扣除
劳动保护支出	合理的部分准予扣除	
开办费	开始生产经营的当年一次性扣除或自生产经营月份起在不短于3年期限内摊销（扣除方式一经选定，不得改变）	

（续）

扣 除 项 目	扣 除 标 准	
公益事业捐赠	符合规定的捐赠	捐赠额不超过其纳税所得额30%的部分可以据实扣除
	财政部、国家税务总局规定可以全额在税前扣除的捐赠	全额扣除
	直接对受益人的捐赠	不得扣除
研发费用	购置单台价值在10万元以下的测试仪器和试验性装置的购置费	准予直接扣除
	单台价值在10万元以上（含10万元）的测试仪器和试验性装置	按固定资产管理，不得在当期直接扣除
生产经营与个人、家庭生活混用难以分清的费用	40%视为与生产经营有关费用，准予扣除	
行政性收费等其他费用	按实际发生数额扣除	

2. 个体工商户经营所得不得税前扣除的项目（见表5-4）

表5-4　个体工商户经营所得不得税前扣除的项目

序　号	项　　目
1	个人所得税税款
2	税收滞纳金
3	罚金、罚款和被没收财物的损失
4	不符合扣除规定的捐赠支出
5	赞助支出
6	用于个人和家庭的支出
7	与取得生产经营收入无关的其他支出
8	个体工商户代其从业人员或者他人负担的税款
9	国家税务总局规定不准扣除的支出

注：“与取得生产经营收入无关的其他支出”指的是除依照国家有关规定为特殊工种从业人员支付的人身安全保险费和财政部、国家税务总局规定可以扣除的其他商业保险费外，业主本人或者为从业人员支付的商业保险费不得扣除。

3. 个体工商户经营所得应纳税额的计算标准（见表5-5）

表5-5　个体工商户经营所得应纳税额的计算标准

项　　目	计 算 标 准
无综合所得	应纳税所得额=（收入总额-成本、费用-损失）-60 000-专项扣除-专项附加扣除-其他扣除-准予扣除的捐赠额
	应纳税额=应纳税所得额×适用税率-速算扣除数
	专项附加扣除在办理汇算清缴时减除
	从多处取得经营所得的，应汇总计算个人所得税，只减除一次费用和各类扣除
有综合所得	应纳税所得额=（收入总额-成本、费用-损失）-准予扣除的捐赠额
	应纳税额=应纳税所得额×适用税率-速算扣除数

4. 个体工商户经营所得减免税额

根据《国家税务总局关于落实支持小型微利企业和个体工商户发展所得税优惠政策有关事项的公告》（国家税务总局公告2021年第8号）第二条的规定：

（1）对个体工商户经营所得年应纳税所得额不超过100万元的部分，在现行优惠政策基础上，再减半征收个人所得税。个体工商户不区分征收方式，均可享受。

（2）个体工商户在预缴税款时即可享受，其年应纳税所得额暂按截至本期申报所属期末的情况进行判断，并在年度汇算清缴时按年计算、多退少补。若个体工商户从两处以上取得经营所得，需在办理年度汇总纳税申报时，合并个体工商户经营所得年应纳税所得额，重新计算减免税额，多退少补。

（3）个体工商户按照以下方法计算减免税额：

$$减免税额=(个体工商户经营所得应纳税所得额不超过100万元部分的应纳税额-其他政策减免税额×个体工商户经营所得应纳税所得额不超过100万元部分÷经营所得应纳税所得额)×（1-50\%）$$

5. 经营所得个人所得税适用税率表（见表5-6）

表5-6　经营所得个人所得税适用税率表

级　　数	全年应纳税所得额	税率（%）	速算扣除数（元）
1	不超过30 000元的	5	0
2	超过30 000元至90 000元的部分	10	1 500
3	超过90 000元至300 000元的部分	20	10 500
4	超过300 000元至500 000元的部分	30	40 500
5	超过500 000元的部分	35	65 500

二、业务流程和实务操作

（一）业务流程（见图5-2）

选择申报年度	录入被投资单位信息	录入收入成本信息	录入纳税调整额	录入其他税前减免事项	确认申报信息	查询申报表
根据案例情景资料，选择申报年度	填写被投资单位的相关信息	录入利润表中相关收入、成本费用等信息	计算相关扣除项目限额并进行相应的纳税调整项目填写	填写允许弥补以前年度亏损和投资抵扣额等信息	核对申报信息，确认无误后提交	申报成功后查询申报表，检查是否有误

图5-2　个体工商户经营所得个人所得税申报流程

（二）实务操作

1. 个体工商户经营所得汇算清缴个人所得税的计算

（1）纳税调整增加额减除超过规定标准的扣除项目金额。

① 职工教育经费：

职工教育经费扣除限额=72 000×3×2.5%=5 400（元），调增职工教育经费=5 600−5 400=200（元）。

② 广告费和业务宣传费：

广告费和业务宣传费限额=300 000×15%=45 000（元），调增广告费和业务宣传费=46 000−45 000=1 000（元）。

③ 业务招待费：

业务招待费限额（标准之一）=300 000×5‰=1 500（元），限额（标准之二）=1 000×60%=600（元），故选较小者，即限额600元；调整业务招待费=1 000−600=400（元）。

④ 利息支出：

银行罚息2 000元计入财务费用允许扣除，故利息支出无须纳税调增。

（2）纳税调整增加额减除不允许扣除的项目金额。

① 罚金、罚款和被没收财物的损失：

税务罚款1 000元不允许扣除，故纳税调增罚款损失1 000元。

② 用于个人和家庭的支出：

调增用于个人和家庭的支出=200×60%=120（元）。

③ 投资者工资薪金支出：

调增户主工资薪金支出73 200元。

（3）弥补以前年度亏损。

允许弥补以前年度亏损额=4 000+2 000=6 000（元）。

（4）允许扣除的个人费用及其他扣除。

① 允许扣除的投资者减除费用为60 000元。

② 允许扣除的专项扣除=基本养老保险（320×12）+基本医疗保险（280×12）+失业保险（30×12）+公积金（250×12）=3 840+3 360+360+3 000=10 560（元）。

③ 允许扣除的专项附加扣除=依法可享受住房贷款利息=1 000×12=12 000（元）。

（5）依法确定的其他扣除。

依法确定的商业健康保险=200×12=2 400（元）。

（6）应纳税所得额=利润总额（134 500）+调增职工教育经费（200）+调增广告费和业务宣传费（1 000）+调增业务招待费（400）+调增罚金、罚款和被没收财物的损失（1 000）+调增用于个人和家庭的支出（120）+调增投资者工资薪金支出（73 200）−弥补以前年度亏损（6 000）−投资者减除费用（60 000）−专项扣除（10 560）−专项附加扣除（12 000）−商业健康保险（2 400）=119 460（元）。

（7）应纳税额=119 460×20%-10 500=13 392（元）。

（8）减免税额=（个体工商户经营所得应纳税所得额不超过100万元部分的应纳税额-其他政策减免税额×个体工商户经营所得应纳税所得额不超过100万元部分÷经营所得应纳税所得额）×（1-50%）=（13 392-0×119 460÷119 460）×（1-50%）= 6 696（元）。

（9）应补（退）税额=13 392-6 696=6 696（元）。

2. 个体工商户经营所得汇算清缴个人所得税的填报

（1）选择申报年度。登录系统后依次单击【我要办税】→【经营所得（B表）】，之后选择申报年度，如图5-3和图5-4所示。

图5-3　选择经营所得（B表）界面

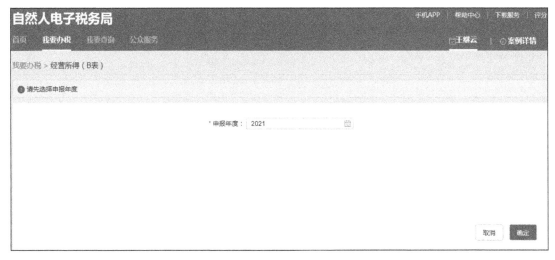

图5-4　选择申报年度界面

（2）录入被投资单位信息。根据案例情景资料，填写被投资单位的统一社会信用代码、名称、类型及税款所属期等信息，如图5-5所示。

（3）录入收入成本信息。根据案例情景资料，录入2021年利润表中相关收入、成本费用等信息，如图5-6所示。

（4）录入纳税调整增加/减少额。根据案例情景资料和相关税法知识计算相关扣除项目限额并进行相应的纳税调整项目填写，如图5-7所示。

图5-5　录入被投资单位信息界面

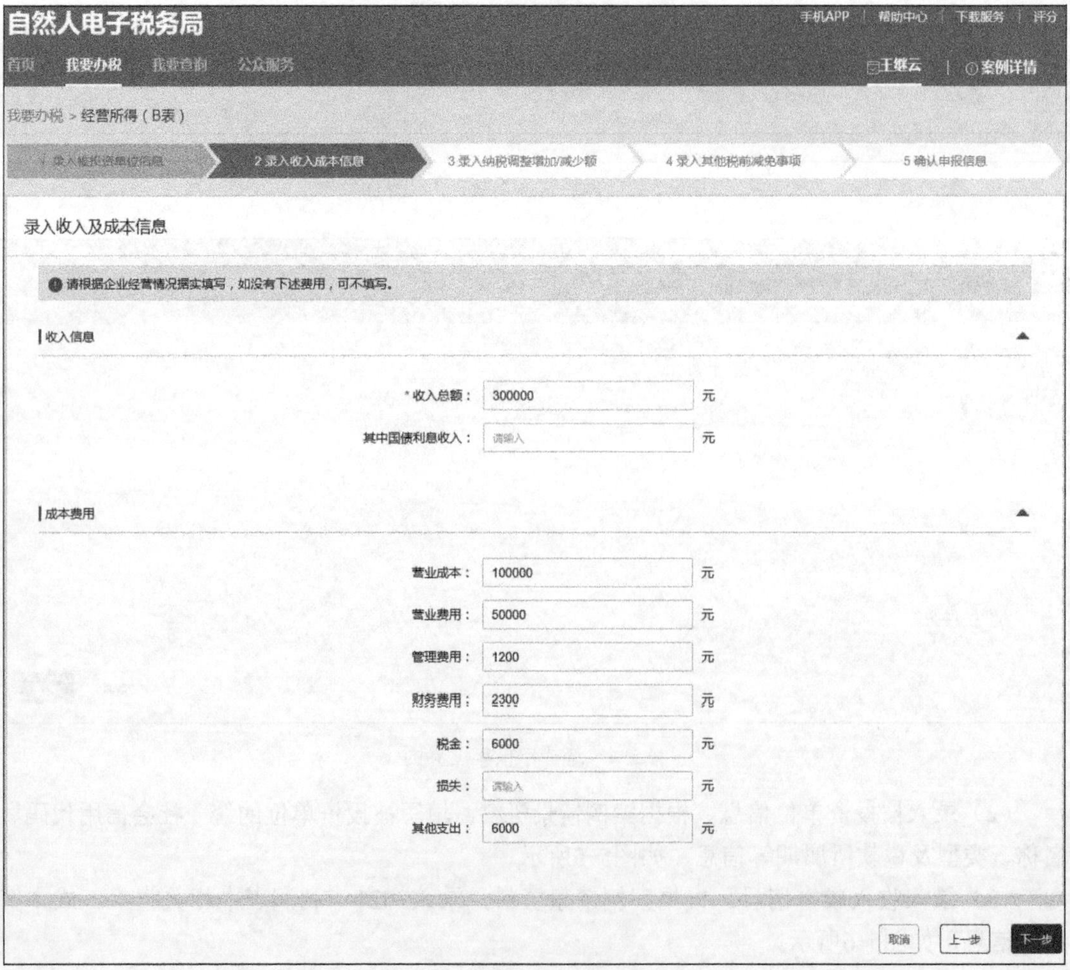

图5-6　录入收入成本信息界面

图5-7　录入纳税调整增加/减少额界面

（5）录入其他税前减免事项。根据案例情景资料，填写允许弥补以前年度亏损和投资抵扣额等信息，如图5-8和图5-9所示。

（6）确认申报信息。根据案例情景资料，核对申报信息，如图5-10所示。如有错误，可以单击【修改】按钮进行修改。确认无误后单击【提交更正】。

（7）查询申报表。申报成功后，可以单击【我要查询】中的【申报查询（更正/作废申报）】，如有错误可以单击【经营所得（B）】进行更正或作废，如图5-11所示。

图5-8　录入其他税前减免事项界面

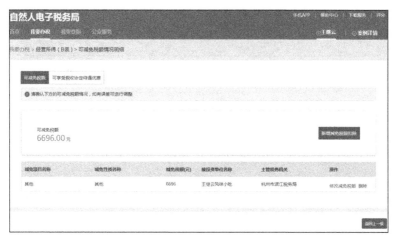

图5-9　确认可减免税额界面

图5-10　确认申报信息界面

图5-11 查询申报表界面

三、填表说明及注意事项

（一）填表说明

1. 收入信息

（1）"收入总额"：填写本年度从事生产经营以及与生产经营有关的活动取得的货币形式和非货币形式的各项收入总金额，包括销售货物收入、提供劳务收入、转让财产收入、利息收入、租金收入、接受捐赠收入、其他收入。

（2）"国债利息收入"：填写本年度已计入收入的因购买国债而取得的应予免税的利息金额。

2. 成本费用

（1）"营业成本"：填写在生产经营活动中发生的销售成本、销货成本、业务支出以及其他耗费的金额。

（2）"营业费用"：填写在销售商品和材料、提供劳务的过程中发生的各种费用。

（3）"管理费用"：填写为组织和管理企业生产经营发生的管理费用。

（4）"财务费用"：填写为筹集生产经营所需资金等发生的筹资费用。

（5）"税金"：填写在生产经营活动中发生的除个人所得税和允许抵扣的增值税以外的各项税金及其附加。

（6）"损失"：填写生产经营活动中发生的固定资产和存货的盘亏、毁损、报废损失，转让财产损失，坏账损失，因自然灾害等不可抗力因素造成的损失以及其他损失。

（7）"其他支出"：填写除成本、费用、税金、损失外，生产经营活动中发生的与之有关的、合理的支出。

3. **纳税调整增加额：超过规定标准扣除项目**

填写扣除的成本、费用和损失中，超过税法规定的扣除标准应予调增的应纳税所得额。

4. **纳税调整增加额：不允许扣除项目**

填写按规定不允许扣除但被投资单位已将其扣除的各项成本、费用和损失中，应予调增应纳税所得额的部分。

5. **纳税调整减少额**

填写在计算利润总额时已计入收入或未列入成本费用，但在计算应纳税所得额时应予扣除的项目金额。

6. **其他税前减免事项**

（1）"弥补以前年度亏损"：填写本年度可在税前弥补的以前年度亏损额。

（2）"投资抵扣"：填写按照税法规定可以税前抵扣的投资金额。

7. **专项扣除**

分别填写本年度按规定允许扣除的基本养老保险、基本医疗保险、失业保险和住房公积金的金额。

8. **专项附加扣除**

分别填写本年度纳税人按规定可享受的子女教育、继续教育、大病医疗、住房贷款利息、住房租金、赡养老人等专项附加扣除的金额。

9. **依法确定的其他扣除**

分别填写按规定允许扣除的商业健康保险、税延养老保险以及国务院规定的其他可以扣除项目的金额。

10. **准予扣除的个人捐赠支出**

填写本年度按照税法及相关法规、政策规定，可以在税前扣除的个人捐赠金额。

（二）注意事项

（1）"收入总额"包括会计上确认的营业外收入。

（2）"营业费用"指利润表中的销售费用。

（3）"其他支出"包括利润表中的营业外支出。

（4）"用于个人和家庭的支出"是指，个体工商户生产经营活动中，对于生产经营与个人、家庭生活混用难以分清的费用，其40%视为与生产经营有关费用，准予扣除。

（5）"与取得生产经营收入无关的其他支出"是指，除依照国家有关规定为特殊工种从业人员支付的人身安全保险费和财政部、国家税务总局规定可以扣除的其他商业保险费外，业主本人或者为从业人员支付的商业保险费不得扣除。

02 任务二　个人独资企业经营所得业务处理

📖 任务描述

在2022年3月31日前，完成上年个人独资企业经营所得的汇算清缴。

🔔 技能要求

1. 了解个人独资企业经营所得汇算清缴的相关政策。

2. 能熟练完成个人独资企业经营所得汇算清缴的应纳税额的计算。

3. 能熟练进行个人独资企业经营所得汇算清缴纳税申报表的填报。

4. 能熟练进行个人独资企业经营所得汇算清缴纳税申报表的更正、作废、导出及税款的缴纳。

📁 案例情景

力洁洗车行属于个人独资企业，适用查账征收方式；个人所得税征收方式为据实预缴，收入、费用等资料健全，按季申报；核算方式为年度整体核算。2022年3月，经营者王勇需要进行2021年经营所得汇算清缴，假设上年度经营所得预缴金额为0元。

资料1：王勇基础信息（见表5-7）

表5-7　王勇基础信息表

姓　　名	性　别	身份证号	联系电话	任职受雇日期	国　　籍
王勇	男	11010119900307××××	1897659××××	2019-12-12	中国

资料2：2021年力洁洗车行利润表（见表5-8）

表5-8　2021年力洁洗车行利润表

利　润　表		
纳税人识别号：91130430MA092L1245		会小企02表
核算单位：力洁洗车行	2021.12	单位：元
项　　目	本年累计金额	本月金额
一、营业收入	1 680 000.00	400 000.00
减：营业成本	630 000.00	70 000.00
税金及附加	70 000.00	9 000.00
其中：消费税	0.00	0.00
城市维护建设税	0.00	0.00

（续）

利 润 表		
资源税	0.00	0.00
土地增值税	0.00	0.00
城镇土地使用税、房产税、车船税、印花税	0.00	0.00
教育费附加、矿产资源补偿费、排污费	0.00	0.00
销售费用	310 000.00	800.00
其中：商品维修费	0.00	0.00
广告费和业务宣传费	0.00	0.00
管理费用	150 000.00	200.00
其中：开办费	0.00	0.00
业务招待费	0.00	0.00
研究费用	0.00	0.00
财务费用	20 000.00	30.00
其中：利息费用（收入以"－"号填列）	20 000.00	0.00
加：投资收益（损失以"－"号填列）	50 000.00	0.00
二、营业利润（亏损以"－"号填列）	550 000.00	319 970.00
加：营业外收入	0.00	0.00
其中：政府补助	0.00	0.00
减：营业外支出	170 000.00	0.00
其中：坏账损失	0.00	0.00
无法收回的长期债券投资损失	0.00	0.00
无法收回的长期股权投资损失	0.00	0.00
自然灾害等不可抗力因素造成的损失	0.00	0.00
税收滞纳金	0.00	0.00
三、利润总额（亏损总额以"－"号填列）	380 000.00	319 970.00

资料3：2021年经营中具体业务情况

（1）王勇，独生子女，已婚，育有一子3周岁且正在就读江南幼儿园；2019年8月，王勇父母年满61周岁；2018年6月，王勇与妻子二人共同购买了位于杭州市滨江区的首套住宅，目前正在还款中；子女教育和住房贷款利息均由王勇一人扣除。

（2）2021年，王勇每月按照国家规定缴纳基本养老保险1 000元、失业保险100元、基本医疗保险200元、住房公积金2 000元，合计3 300元。

（3）2021年，王勇的收入主要来源于洗车行收入（无综合所得），取得个人工资300 000元。

（4）2020年发生亏损结转60 000元。

（5）2021年12月20日，王勇以企业资金通过山东省济南市公益事业基金会（纳税人识别号：913322086043000120）捐赠现金100 000元，捐赠证书号311000292822。

（6）2021年，通过非金融机构取得300 000元拆借资金，利息支出20 000元，同期同类型贷款利率5.1%。

（7）2021年，对萧山图书馆赞助支出50 000元。

（8）2021年，因处理污水不规范被环保局处罚20 000元。

（9）2021年，投资人王勇报销职工教育经费10 000元、职工福利费30 000元、工会经费4 000元。

（10）2021年，发生业务招待费86 000元。

（11）2021年，在公交车投放广告花费300 000元。

（12）2021年，王勇为子女报兴趣班花费24 400元。

（13）2021年，王勇取得国债利息收入50 000元，计入投资收益。

2020年，该市月平均工资为5 600元。

一、业务要求和业务要点

（一）业务要求

（1）了解个人独资企业经营所得的相关政策规定。

（2）对力洁洗车行经营所得汇算清缴各项目金额进行准确计算。

（3）在自然人电子税务局熟练完成力洁洗车行经营所得汇算清缴各项目的单个和批量填报。

（4）能够使用自然人电子税务局进行力洁洗车行经营所得汇算清缴各项目相关信息的修改、删除及查询，包括查询、删除、单个修改或批量修改具体人员的填报信息。

（5）完成力洁洗车行经营所得汇算清缴各项目的申报，发送申报表，完成税款扣缴。

（二）业务要点

1. 关于生产经营与个人、家庭生活混用费用的税前扣除规定

（1）个人独资企业和合伙企业投资者及其家庭发生的生活费用不允许在税前扣除。投资者及其家庭发生的生活费用与企业生产经营费用混合在一起，并且难以划分的，全部视为投资者个人及其家庭发生的生活费用，不允许在税前扣除，具体见表5-9。

表5-9　个人独资企业和合伙企业投资者及其家庭发生的生活费用

项　　目	扣　除　标　准
生活、生产费用分别核算，且划分清楚的	生活费用可据实扣除
生活、生产费用混合，且难以划分的	全部视为生活费用，不得税前扣除
生活、生产共用固定资产	税务机关核定准予在税前扣除的折旧费用的数额或比例

（2）个人独资企业、合伙企业的个人投资者以企业资金为本人、家庭成员及其相关

人员支付与企业生产经营无关的消费性支出及购买汽车、住房等财产性支出,视为企业对个人投资者的利润分配,并入投资者个人的经营所得,依照"经营所得"项目计征个人所得税。

除上述扣除项目有差异外,个人独资企业经营所得个人所得税的计算和处理与个体工商户经营所得个人所得税的处理一致,此处不再赘述。

2. 经营所得个人所得税适用税率表(见表5-10)

表5-10 经营所得个人所得税适用税率表

级 数	全年应纳税所得额	税率(%)	速算扣除数(元)
1	不超过30 000元的	5	0
2	超过30 000元至90 000元的部分	10	1 500
3	超过90 000元至300 000元的部分	20	10 500
4	超过300 000元至500 000元的部分	30	40 500
5	超过500 000元的部分	35	65 500

二、业务流程和实务操作

(一)业务流程(见图5-12)

图5-12 个人独资企业经营所得个人所得税申报流程

(二)实务操作

1. 个人独资企业经营所得汇算清缴个人所得税的计算

(1)纳税调整增加额减除超过规定标准的扣除项目金额。

①职工福利费:

职工福利费扣除限额=5 600×12×3×14%=28 224(元),调增职工福利费=30 000-28 224=1 776(元)。

②职工教育经费:

职工教育经费扣除限额=5 600×12×3×2.5%=5 040(元),调增职工教育经费=10 000-5 040=4 960(元)。

③ 工会经费：

工会经费扣除限额=5 600×12×3×2%=4 032（元），大于实际支出的4 000元，工会经费无须纳税调整。

④ 利息支出：

利息支出扣除限额=300 000×5.1%=15 300（元），调增利息支出=20 000−15 300=4 700（元）。

⑤ 业务招待费：

业务招待费扣除（标准之一）=86 000×0.6=51 600（元），业务招待费扣除（标准之二）=680 000×5‰=8 400（元），选较小者，即扣除8 400元。调增业务招待费=86 000−8 400=77 600（元）。

⑥ 广告费和业务宣传费：

广告费和业务宣传费限额=1 680 000×15%=252 000（元），调增广告费和业务宣传费=300 000−252 000=48 000（元）。

（2）纳税调整增加额减除不允许扣除的项目金额。

① 罚金、罚款和被没收财物的损失：环保局处罚20 000元不允许税前扣除，故纳税调增罚款损失20 000元。

② 赞助支出：赞助支出50 000元不允许税前扣除，故纳税调增赞助支出50 000元。

③ 用于个人和家庭的支出：王勇为子女报兴趣班花费的24 400元不允许税前扣除，故纳税调增用于个人和家庭的支出24 400元。

④ 投资者工资薪金支出：投资者工资薪金支出300 000元不允许税前扣除，故调增投资者工资薪金支出300 000元。

（3）弥补以前年度亏损。允许弥补以前年度亏损额60 000元。

（4）允许扣除的个人费用及其他扣除。

① 允许扣除的投资者减除费用为60 000元。

② 允许扣除的专项扣除=基本养老保险（1 000×12）+基本医疗保险（200×12）+失业保险（100×12）+公积金（2 000×12）=12 000+2 400+1 200+24 000=39 600（元）。

③ 允许扣除的专项附加扣除=子女教育（1 000×12）+住房贷款利息（1 000×12）+享受赡养老人（2 000×12）=48 000（元）。

（5）准予扣除的个人捐赠支出。用于疫情防控的捐赠100 000元可以全额税前扣除。

（6）应纳税所得额=利润总额（380 000）+调增职工福利费（1 776）+调增职工教育经费（4 960）+调增利息支出（4 700）+调增业务招待费（77 600）+调增广告费和业务宣传费（48 000）+调增罚金、罚款和被没收财物的损失（20 000）+调增赞助支出（50 000）+调增用于个人和家庭的支出（24 400）+调增投资者工资薪金支出（300 000）−弥补以前年度亏损（60 000）−投资者减除费用（60 000）−专项扣除（39 600）−专项附加扣除（48 000）−准予扣除的个人捐赠支出（100 000）=603 836（元）。

（7）应补（退）税额=603 836×35%−65 500=145 842.6（元）。

2. 个人独资企业经营所得汇算清缴个人所得税的填报

（1）选择申报年度。登录系统后依次单击【我要办税】→【经营所得（B表）】，之后选择申报年度，如图5-13和图5-14所示。

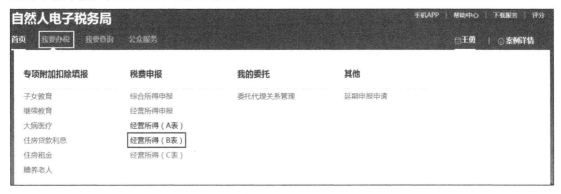

图5-13 选择经营所得（B表）界面

图5-14 选择申报年度界面

（2）录入被投资单位信息。根据案例情景资料，填写被投资单位的统一社会信用代码、名称、类型及税款所属期等信息，如图5-15所示。

（3）录入收入成本信息。根据案例情景资料，录入2021年利润表中相关收入、成本费用等信息，如图5-16所示。

（4）录入纳税调整增加/减少额。根据案例情景资料和相关税法知识计算相关扣除项目限额并进行相应的纳税调整项目填写，如图5-17所示。

（5）录入其他税前减免事项。根据案例情景资料，填写其他税前减免事项及准予扣除的捐赠项目等信息，如图5-18和图5-19所示。

（6）确认申报信息。根据案例情景资料，核对申报信息，如有错误，可以单击【修改】按钮进行修改。确认无误后单击【提交更正】，如图5-20所示。

（7）查询申报表。申报成功后，可以单击【我要查询】中的【申报查询（更正/作废申报）】，如有错误可以单击【经营所得（B）】进行更正或作废，如图5-21所示。

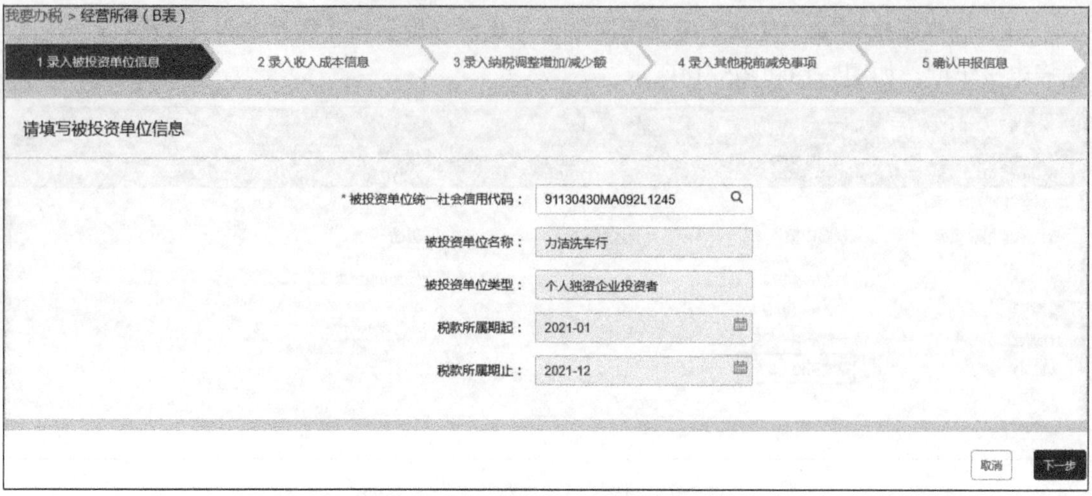

我要办税 > 经营所得（B表）				
1 录入被投资单位信息	2 录入收入成本信息	3 录入纳税调整增加/减少额	4 录入其他税前减免事项	5 确认申报信息

请填写被投资单位信息

* 被投资单位统一社会信用代码：	91130430MA092L1245
被投资单位名称：	力洁洗车行
被投资单位类型：	个人独资企业投资者
税款所属期起：	2021-01
税款所属期止：	2021-12

取消　　下一步

图5-15　录入被投资单位信息界面

自然人电子税务局　　　　　　　　　　手机APP　帮助中心　下载服务　评分

首页　我要办税　我要查询　公众服务　　　　　　　　　　王勇　｜　案例详情

我要办税 > 经营所得（B表）				
1 录入被投资单位信息	2 录入收入成本信息	3 录入纳税调整增加/减少额	4 录入其他税前减免事项	5 确认申报信息

录入收入及成本信息

ⓘ 请根据企业经营情况据实填写，如没有下述费用，可不填写。

收入信息　▲

* 收入总额：	1730000	元
其中国债利息收入：	50000	元

成本费用　▲

营业成本：	630000	元
营业费用：	310000	元
管理费用：	150000	元
财务费用：	20000	元
税金：	70000	元
损失：	请输入	元
其他支出：	170000	元

取消　上一步　下一步

图5-16　录入收入成本信息界面

首页　**我要办税**　我要查询　公众服务　　　　　　　　　　　　　　　口**王勇**　｜　⊙案例详情

我要办税 > 经营所得（B表）

⟩ 录入概投资单位信息　　⟩ 录入收入成本信息　　**3 录入纳税调整增加/减少额**　　4 录入其他税前减免事项　　5 确认申报信息

录入纳税调整增加/减少额

❶ 请根据企业经营情况据实填写，如没有下述费用，可不填写

｜纳税调整增加额：超过规定标准扣除项目　　　　　　　　　　　　　　　　　　　　　　　▲

职工福利费：	1776	元
职工教育经费：	4960	元
工会经费：	请输入	元
利息支出：	4700	元
业务招待费：	77600	元
广告费和业务宣传费：	48000	元
教育和公益事业捐赠：	请输入	元
住房公积金：	请输入	元
社会保险费：	请输入	元
折旧费用：	请输入	元
无形资产摊销：	请输入	元
资产损失：	请输入	元
其他：	请输入	元

｜纳税调整增加额：不允许扣除项目　　　　　　　　　　　　　　　　　　　　　　　　　▲

个人所得税税款：	请输入	元
税收滞纳金：	请输入	元
罚金、罚款和被没收财物的损失：	20000	元
不符合税收规定的捐赠支出：	请输入	元
赞助支出：	50000	元
用于个人和家庭的支出：	24400	元
与取得生产经营收入无关的其他支出：	请输入	元
投资者工资薪金支出：	300000	元
国家税务总局规定不准扣除的支出：	请输入	元

｜纳税调整减少额　　　　　　　　　　　　　　　　　　　　　　　　　　　　　　　　　▲

| 纳税调整减少额： | 请输入 | 元 |

　　　　　　　　　　　　　　　　　　　　　　　　　　　　　　取消　　上一步　　下一步

图5-17　录入纳税调整增加/减少额界面

图5-18 录入其他税前减免事项界面

图5-19 录入准予扣除的捐赠项目界面

图5-20 确认申报信息界面

图5-21　查询申报表界面

三、填表说明及注意事项

个人独资企业经营所得汇算清缴与个体工商户经营所得汇算清缴申报流程、填表说明及注意事项一致，除以下事项：

1. 用于个人、家庭费用扣除

个体工商户生产经营活动中，应当分别核算生产经营费用和个人、家庭费用。对于生产经营与个人、家庭生活混用难以分清的费用，其40%视为与生产经营有关费用，准予扣除。

个人独资企业和合伙企业投资者及其家庭发生的生活费用不允许在税前扣除。投资者及其家庭发生的生活费用与企业生产经营费用混合在一起，并且难以划分的，全部视为投资者个人及其家庭发生的生活费用，不允许在税前扣除。

2. 税收优惠

"对个体工商户经营所得年应纳税所得额不超过100万元的部分，在现行优惠政策基础上，再减半征收个人所得税"的规定，只适用于个体工商户经营所得，而个人独资企业与合伙企业的经营所得不适用此政策。

任务三　合伙企业经营所得业务处理

📖 任务描述

在2022年3月31日前，完成上年合伙企业经营所得的汇算清缴。

🔔 技能要求

1. 了解合伙企业经营所得个人所得税预扣预缴和汇算清缴的相关政策。

2. 能熟练完成合伙企业经营所得个人所得税预扣预缴和汇算清缴应纳税额的计算。

3. 能熟练完成合伙企业经营所得个人所得税预扣预缴和汇算清缴时收入、成本、弥补亏损、纳税调整额等项目的计算与填报。

4. 能熟练完成合伙企业经营所得个人所得税预扣预缴和汇算清缴时专项扣除、专项附加扣除、个人捐赠支出等项目的计算与填报。

5. 能熟练进行合伙企业经营所得个人所得税预扣预缴时减免税额事项和税收协定优惠的办理。

6. 能熟练进行合伙企业经营所得个人所得税预扣预缴和汇算清缴时纳税申报表的更正、作废、导出并完成税款的缴纳。

📓 案例情景1

紫薇合伙企业属于合伙企业，适用查账征收方式；个人所得税征收方式为据实预缴，收入、费用等资料健全；纳税期限为月度申报，核算方式为年度整体核算。

杭州紫薇合伙企业由王紫薇、杨百合、刘海棠三人出资成立，其中王紫薇出资800 000元，占40%；杨百合出资600 000元，占30%；刘海棠出资600 000元，占30%。

2022年3月，王紫薇、杨百合、刘海棠需要进行2022年1~2月经营所得预扣预缴，假设2022年1~2月经营所得预缴金额为0元。

资料1：合伙人基础信息（见表5-11）

表5-11 合伙人基础信息表

工 号	姓 名	性 别	身 份 证 号	联系电话	任 职 日 期
1	王紫薇	女	33010319900407××××	1717753××××	2014-07-01
2	杨百合	女	11010119650920××××	1727703××××	2014-07-01
3	刘海棠	女	33010219900307××××	1734402××××	2014-07-01

资料2：2022年1~2月紫薇合伙企业利润表（见表5-12）

表5-12 2022年1~2月紫薇合伙企业利润表

利 润 表		
纳税人识别号：91130430MA092L571C		会小企02表
核算单位：紫薇合伙企业	2022.1.1—2022.2.28	单位：元
项 目	本年累计金额	本月发生额
一、营业收入	1 352 598.00	112 716.50
减：营业成本	270 519.60	22 543.30
税金及附加	87 918.87	7 326.57
其中：消费税	0.00	0.00
城市维护建设税	0.00	0.00

（续）

利　润　表		
资源税	0.00	0.00
土地增值税	0.00	0.00
城镇土地使用税、房产税、车船税、印花税	0.00	0.00
教育费附加、矿产资源补偿费、排污费	0.00	0.00
销售费用	297 571.56	24 797.63
其中：商品维修费	0.00	0.00
广告费和业务宣传费	0.00	0.00
管理费用	338 149.50	28 179.13
其中：开办费	0.00	0.00
业务招待费	0.00	0.00
研究费用	0.00	0.00
财务费用	27 051.96	2 254.33
其中：利息费用（收入以"–"号填列）	0.00	0.00
加：投资收益（损失以"–"号填列）	0.00	0.00
二、营业利润（亏损以"–"号填列）	331 386.51	27 615.54
加：营业外收入	150 000.00	12 500.00
其中：政府补助	0.00	0.00
减：营业外支出	0.00	0.00
其中：坏账损失	0.00	0.00
无法收回的长期债券投资损失	0.00	0.00
无法收回的长期股权投资损失	0.00	0.00
自然灾害等不可抗力因素造成的损失	0.00	0.00
税收滞纳金	0.00	0.00
三、利润总额（亏损总额以"–"号填列）	481 386.51	40 115.54

资料3：2022年1～2月经营中具体业务情况

（1）王紫薇除了从紫薇合伙企业分得收入外无任何其他所得，每月个人实际缴纳"三险一金"2 200元（其中基本养老保险950元，基本医疗保险200元，失业保险50元，公积金1 000元）。王紫薇2月15日通过浙江省杭州市教育发展基金会（社会信用代码12330100685839502J）捐赠现金60 000元，凭证号131900122056。

（2）杨百合除了从紫薇合伙企业分得收入外无任何其他所得，每月个人实际缴纳"三险一金"2 200元（其中基本养老保险950元，基本医疗保险200元，失业保险50元，公积金1 000元）。杨百合2月15日通过中国红十字会（社会信用代码42340100787869501H，地址为浙江省杭州市滨江区伟业路12号）向红十字事业捐赠现金40 000元，凭证号242000142078。

（3）刘海棠在某科技公司上班，每月工资收入10 500元，每月个人实际缴纳"三险一金"2 200元（其中基本养老保险950元，基本医疗保险200元，失业保险50元，公积金1 000元），依法可享受的专项附加扣除1 900元（其中继续教育400元，住房租金1 500元）。

一、业务要求和业务要点

（一）业务要求

（1）了解合伙企业经营所得的相关政策规定。

（2）对紫薇合伙企业经营所得预扣预缴各项目金额进行准确计算。

（3）在自然人电子税务局熟练完成紫薇合伙企业经营所得预扣预缴各项目的单个和批量填报。

（4）能够使用自然人电子税务局进行紫薇合伙企业经营所得预扣预缴各项目相关信息的修改、删除及查询，包括查询、删除、单个修改或批量修改具体人员的填报信息。

（5）完成紫薇合伙企业经营所得预扣预缴各项目的申报，发送申报表，完成税款扣缴。

（二）业务要点

1. 合伙企业经营所得应纳税所得额和应纳税额的计算

合伙企业的投资者按照合伙企业的全部生产经营所得和合伙协议约定的分配比例确定应纳税所得额，合伙协议没有约定分配比例的，以全部生产经营所得和合伙人数量平均计算每个投资者的应纳税所得额。这里所称生产经营所得，包括企业分配给投资者个人的所得和企业当年留存的所得（利润）。经营所得应纳税所得额和应纳税额计算公式如下：

（1）取得经营所得的个人，没有综合所得的：

$$经营所得应纳税所得额=（收入总额-成本-费用-损失)×分配比例-$$
$$基本减除费用-专项扣除-专项附加扣除-依法确定的其他扣除-准予扣除的捐赠$$

从多处取得经营所得的，应汇总计算个人所得税，只减除一次费用和扣除；专项附加扣除在办理经营所得汇算清缴时减除。

（2）取得经营所得的个人，有综合所得的：

$$经营所得应纳税所得额=（收入总额-成本-费用-损失）×分配比例-准予扣除的捐赠$$

（3）应纳税额的计算：

$$应纳税额=应纳税所得额×适用税率-速算扣除数$$

除应纳税所得额的计算需要按比例划分外，合伙企业经营所得个人所得税的处理与个人独资企业取得生产经营所得个人所得税的处理一致，此处不再赘述。

2. 经营所得个人所得税适用税率表（见表5-13）

表5-13 经营所得个人所得税适用税率表

级　数	全年应纳税所得额	税率（%）	速算扣除数（元）
1	不超过30 000元的	5	0
2	超过30 000元至90 000元的部分	10	1 500
3	超过90 000元至300 000元的部分	20	10 500
4	超过300 000元至500 000元的部分	30	40 500
5	超过500 000元的部分	35	65 500

二、业务流程和实务操作

（一）业务流程（见图5-22）

选择申报年度	录入被投资单位信息	录入计税信息	录入减免税额	确认申报信息	查询申报表
根据案例情景资料，选择申报年度	填写被投资单位相关信息	录入利润表中相关收入、成本费用等信息	根据案例情景资料，录入相应的减免税额	核对申报信息，确认无误后提交	申报成功后查询申报表，检查是否有误

图5-22 合伙企业经营所得预扣预缴个人所得税申报流程

（二）实务操作

1. 合伙企业经营所得预扣预缴个人所得税的计算

（1）王紫薇预扣预缴应纳税额的计算（无综合所得）。

① 允许扣除的投资者减除费用=5 000×2=10 000（元）。

② 允许扣除的专项扣除=基本养老保险（950×2）+基本医疗保险（200×2）+失业保险（50×2）+公积金（1 000×2）=1 900+400+100+2 000=4 400（元）。

③ 专项附加扣除在办理汇算清缴时减除，预扣预缴时不得扣除。

④ 准予扣除的个人捐赠支出：通过浙江省杭州市教育发展基金会捐赠现金60 000元可全额税前扣除。

⑤ 应纳税所得额=分配利润总额（481 386.51×40%）−投资者减除费用（10 000）−专项扣除（4 400）−准予扣除的个人捐赠支出（60 000）=118 154.6（元）。

⑥ 应补（退）税额=118 154.6×20%−10 500=13 130.92（元）。

（2）杨百合预扣预缴应纳税额的计算（无综合所得）。

① 允许扣除的投资者减除费用=5 000×2=10 000（元）。

② 允许扣除的专项扣除=基本养老保险（950×2）+基本医疗保险（200×2）+失业保险（50×2）+公积金（1 000×2）=1 900+400+100+2 000=4 400（元）。

③ 专项附加扣除在办理汇算清缴时减除，预扣预缴时不得扣除。

④ 准予扣除的个人捐赠支出：通过中国红十字会捐赠现金40 000元可全额税前扣除。

⑤ 应纳税所得额=分配利润总额（481 386.51×30%）−投资者减除费用（10 000）−专项扣除（4 400）−准予扣除的个人捐赠支出（40 000）=90 015.95（元）。

⑥ 应补（退）税额=90 015.95×20%−10 500=7 503.19（元）。

（3）刘海棠预扣预缴应纳税额的计算（有综合所得）。

刘海棠的减除费用、专项扣除及专项附加扣除应在计算综合所得中扣除，而非在经营所得中扣除。

① 应纳税所得额=分配利润总额（481 386.51×30%）=144 415.95（元）。

② 应补（退）税额=144 415.95×20%−10 500=18 383.19（元）。

2. 合伙企业经营所得预扣预缴个人所得税的填报（以王紫薇为例）

（1）选择申报年度。登录系统后选择"王紫薇"，然后依次单击【我要办税】→【经营所得（A表）】，之后选择申报年度，如图5-23和图5-24所示。

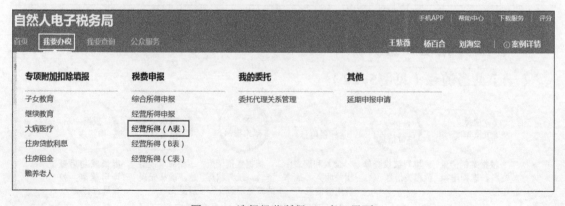

图5-23　选择经营所得（A表）界面

自然人电子税务局
手机APP | 帮助中心 | 下载服务 | 评分
首页 我要办税 我要查询 公众服务
王紫薇 杨百合 刘海棠 | 案例详情
我要办税 > 经营所得（A表）
生产经营及承包承租经营所得月度或者季度预缴申报
* 申报年度： 2022
取消 确定

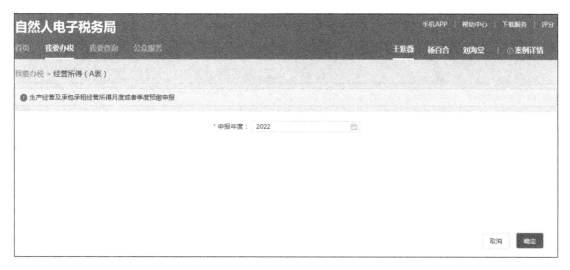

图5-24 选择申报年度界面

（2）录入被投资单位信息。根据案例情景资料，填写被投资单位的统一社会信用代码、名称、类型及税款所属期等信息，如图5-25所示。

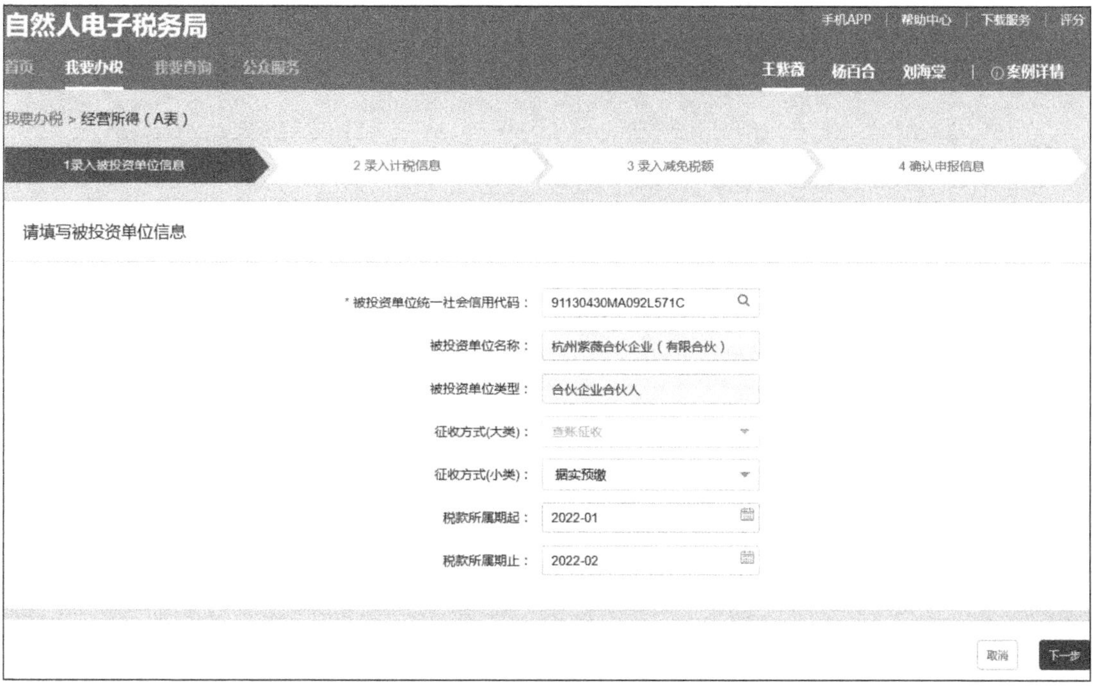

自然人电子税务局
手机APP | 帮助中心 | 下载服务 | 评分
首页 我要办税 我要查询 公众服务
王紫薇 杨百合 刘海棠 | 案例详情
我要办税 > 经营所得（A表）
1录入被投资单位信息
2 录入计税信息
3 录入减免税额
4 确认申报信息
请填写被投资单位信息
* 被投资单位统一社会信用代码： 91130430MA092L571C
被投资单位名称： 杭州紫薇合伙企业（有限合伙）
被投资单位类型： 合伙企业合伙人
征收方式(大类)： 查账征收
征收方式(小类)： 据实预缴
税款所属期起： 2022-01
税款所属期止： 2022-02
取消 下一步

图5-25 录入被投资单位信息界面

（3）录入计税信息。根据案例情景资料，录入2022年1～2月利润表中相关收入、成本费用等信息，如图5-26和图5-27所示。

自然人电子税务局　　　　　　　　　　　　　　　手机APP ｜ 帮助中心 ｜ 下载服务 ｜ 评分

首页　我要办税　我要查询　公众服务　　　　　　　　　　　　🗐 王紫薇　杨百合　刘海空　｜ ⓘ 案例详情

我要办税 > 经营所得（A表）

| 1 录入被投资单位信息 | ❷ 2 录入计税信息 | √ 3 录入减免税额 | 4 确认申报信息 |

征收方式	被投资单位类型	税款所属期
据实预缴	合伙企业合伙人	2022-01至2022-02

请填写计税信息

* 收入总额：	1502598	元
* 成本费用：	1021211.49	元
弥补以前年度亏损：	请输入弥补以前年度亏损	元

ⓘ 税法规定：如您有综合所得收入时，仅可在综合所得申报中扣除"投资者减除费用、专项扣除、其他"。请您选择是否有综合所得申报。

* 是否有综合所得申报：　　○ 有　　◉ 没有

┃专项扣除

基本养老保险：	1900	元
基本医疗保险：	400	元
失业保险：	100	元
住房公积金：	2000	元

┃依法确定的其他扣除

其他：	0.00	元

┃准予扣除的个人捐赠支出
┃准予扣除的个人捐赠支出

准予扣除的个人捐赠支出：	60000	元

[填写捐赠项目]

[取消]　[上一步]　[下一步]

图5-26　录入计税信息界面

图5-27　录入准予扣除的捐赠项目界面

（4）录入减免税额。根据案例情景资料和相关税法知识可知，本案例不涉及减免税额，因此无须录入相关信息，如图5-28所示。

图5-28　录入减免税额界面

（5）确认申报信息。根据案例情景资料，核对申报信息，如有错误，可以单击【修改】按钮进行修改。确认无误后单击【提交更正】，如图5-29所示。

（6）查询申报表。申报成功后，可以单击【我要查询】中的【申报查询（更正/作废申报）】，如有错误可以单击【经营所得（A）】进行更正或作废，如图5-30所示。

图5-29　确认申报信息界面

图5-30 查询申报表界面

三、填表说明及注意事项

（一）填表说明

（1）"收入总额"：填写本年度开始经营月份起截至本期从事经营以及与经营有关的活动取得的货币形式和非货币形式的各项收入总额，包括销售货物收入、提供劳务收入、转让财产收入、利息收入、租金收入、接受捐赠收入、其他收入。

（2）"成本费用"：填写本年度开始经营月份起截至本期实际发生的成本、费用、税金、损失及其他支出的总额。

（3）"弥补以前年度亏损"：填写可在税前弥补的以前年度尚未弥补的亏损额。

（4）"应税所得率"：按核定应税所得率方式纳税的纳税人，填写税务机关确定的核定征收应税所得率；按其他方式纳税的纳税人不填本行。

（5）"合伙企业个人合伙人分配比例"：纳税人为合伙企业个人合伙人的填写本行，其他则不填。分配比例按照合伙协议约定的比例填写，合伙协议未约定或不明确的，按合伙人协商决定的比例填写；协商不成的，按合伙人实缴出资比例填写；无法确定出资比例的，按合伙人平均分配。

（6）"允许扣除的个人费用及其他扣除"：

①"投资者减除费用"：填写根据本年实际经营月份数计算的可在税前扣除的投资者本人每月5 000元减除费用的合计金额。

②"专项扣除"：填写按规定允许扣除的基本养老保险、基本医疗保险、失业保险和住房公积金的金额。

③"依法确定的其他扣除"：填写商业健康保险、税延养老保险以及其他按规定允许扣除项目的金额。

（7）"准予扣除的个人捐赠支出"：填写按照税法及相关法规、政策规定，可以在税前扣除的捐赠额，并按规定附报"个人所得税公益慈善事业捐赠扣除明细表"。

（8）"减免税额"：填写符合税法规定可以减免的税额，并附报"个人所得税减免税事项报告表"。

（9）"已缴税额"：填写本年度在月（季）度申报中累计已预缴的经营所得个人所得税的金额。

（二）注意事项

1. "收入总额"包括会计上确认的营业外收入。

2. "成本费用"包括会计上确认的营业外支出。

案例情景2

2022年3月，王紫薇、杨百合、刘海棠需要进行2021年经营所得汇算清缴，假设2021年经营所得预缴金额为0元。

资料1：2021年紫薇合伙企业利润表（见表5-14）

表5-14　2021年紫薇合伙企业利润表

利 润 表			
纳税人识别号：91130430MA092L571C			会小企02表
核算单位：紫薇合伙企业		2021.12	单位：元
项　　目	本年累计金额	本月发生额	
一、营业收入	5 780 260.00	963 376.66	
减：营业成本	1 156 052.00	192 675.33	
税金及附加	375 716.90	62 619.48	
其中：消费税	0.00	0.00	
城市维护建设税	0.00	4 046.18	
资源税	0.00	0.00	
土地增值税	0.00	0.00	
城镇土地使用税、房产税、车船税、印花税	0.00	0.00	
教育费附加、矿产资源补偿费、排污费	0.00	2 890.13	
销售费用	1 271 657.20	211 942.87	
其中：商品维修费	0.00	0.00	
广告费和业务宣传费	130 000.00	0.00	
管理费用	1 445 065.00	240 844.17	
其中：开办费	0.00	0.00	
业务招待费	20 000.00	8 333.33	
研究费用	0.00	0.00	
财务费用	200 000.00	33 333.33	
其中：利息费用（收入以"-"号填列）	200 000.00	0.00	
加：投资收益（损失以"-"号填列）	0.00	0.00	
二、营业利润（亏损以"-"号填列）	1 331 768.90	221 961.48	
加：营业外收入	120 000.00	20 000.00	
其中：政府补助	0.00	0.00	
减：营业外支出	245 600.00	40 933.33	
其中：坏账损失	0.00	0.00	
无法收回的长期债券投资损失	0.00	0.00	
无法收回的长期股权投资损失	0.00	0.00	
自然灾害等不可抗力因素造成的损失	0.00	0.00	
税收滞纳金	5 600.00	933.33	
三、利润总额（亏损总额以"-"号填列）	1 206 168.90	201 028.15	

资料2：2021年经营中具体业务情况

（1）紫薇合伙企业2016年度亏损150 000元，2017年度亏损220 000元，2018年度亏损350 000元，2019年度亏损250 000元，2020年度亏损100 000元。

（2）紫薇合伙企业管理费用中包含业务招待费20 000元、合伙人王紫薇和杨百合的工资合计600 000元；销售费用中包含广告费50 000元、业务宣传费80 000元；税金及附加中包含个人所得税15 980元；营业外支出中包含税收滞纳金5 600元、税务罚款40 000元以及向王紫薇的母校赞助支出200 000元；财务费用中包含向杨百合的哥哥借款5 000 000元的利息支出200 000元（借款日期为2021年7月1日，借款年利率8%，银行同期利率5%）。

（3）2021年12月，以企业资金600 000元为王紫薇的子女购买了一套住房，以企业资金400 000元为杨百合的子女购买了一辆小汽车。

（4）2021年王紫薇除了从紫薇合伙企业领取工资和分得收入外无任何其他所得。王紫薇每月领取工资30 000元，每月实际缴纳"三险一金"2 400元（其中基本养老保险950元，基本医疗保险200元，失业保险50元，公积金1 200元）。王紫薇已婚且育有3名子女，子女教育由王紫薇一人税前扣除。无其他专项附加扣除项目。

（5）2021年杨百合除了从紫薇合伙企业领取工资和分得收入外无任何其他所得。杨百合每月领取工资20 000元，每月实际缴纳"三险一金"2 400元（其中基本养老保险950元，基本医疗保险200元，失业保险50元，公积金1 200元）。杨百合为独生子女，未婚，父母均已年满61岁。

（6）2021年刘海棠在某科技公司上班，每月领取工资10 500元，每月实际缴纳"三险一金"2 200元（其中基本养老保险950元，基本医疗保险200元，失业保险50元，公积金1 000元），依法可享受的专项附加扣除1 900元（其中继续教育400元，住房租金1 500元）。

（7）2021年5月15日，杨百合从紫薇合伙企业分得的所得中拿出100 000元捐赠给重庆市人民政府（社会信用代码：4234010568500502）用于扶贫事业，凭证号151200371472。杨百合的捐赠选择在经营所得中税前扣除。

（8）2021年7月，杨百合住院，发生医药费用支出扣除医保报销后个人负担70 000元。

（9）2021年12月15日，王紫薇通过浙江省人民政府（社会信用代码12330100685839502H，地址为浙江省杭州市滨江区体育场路103号）向当地老年服务机构捐赠200 000元，凭证号131900122056。王紫薇的捐赠选择在经营所得中税前扣除。

一、业务要求和业务要点

（一）业务要求

（1）对紫薇合伙企业经营所得汇算清缴各项目金额进行准确计算。

（2）在自然人电子税务局熟练完成紫薇合伙企业经营所得汇算清缴各项目的单个和批量填报。

（3）能够使用自然人电子税务局进行紫薇合伙企业经营所得汇算清缴各项目相关信息的修改、删除及查询，包括查询、删除、单个修改或批量修改具体人员的填报信息。

（4）完成紫薇合伙企业经营所得汇算清缴各项目的申报，发送申报表，完成税款扣缴。

（二）业务要点

合伙企业经营所得汇算清缴的业务要点与预扣预缴的业务要点相同，此处不再赘述。

二、业务流程和实务操作

（一）业务流程（见图5-31）

图5-31　合伙企业经营所得汇算清缴个人所得税申报流程

（二）实务操作

1. 合伙企业经营所得汇算清缴个人所得税的计算

（1）合伙企业经营所得纳税调整。

1）纳税调整增加额减除超过规定标准的扣除项目金额。

① 利息支出：

利息支出扣除限额=5 000 000×5%÷2=125 000（元），调增利息支出=200 000-125 000=75 000（元）。

② 业务招待费：

业务招待费扣除（标准之一）=20 000×60%=12 000（元），业务招待费扣除（标准之二）=（5 780 260+120 000）×0.5%=29 501.3（元），选限额12 000元。调增业务招待费=20 000-12 000=8 000（元）。

③ 广告费和业务宣传费：

广告费和业务宣传费限额=（5 780 260+120 000）×15%=885 039（元），大于实际发生额130 000元，不用调整广告费和业务宣传费。

2）纳税调整增加额减除不允许扣除的项目金额。

① 个人所得税税款：个人所得税税款不得税前扣除，故调增个人所得税税款15 980元。

② 税收滞纳金：税收滞纳金不得税前扣除，故调增税收滞纳金5 600元。

③ 罚金、罚款和被没收财物的损失：税务罚款不得税前扣除，故调增罚金、罚款和被没收财物的损失40 000元。

④ 赞助支出：赞助支出不允许税前扣除，故纳税调增赞助支出200 000元。

⑤ 用于个人和家庭的支出：以企业资金600 000元为王紫薇的子女购买了一套住房，又以企业资金400 000元为杨百合的子女购买了一辆小汽车，这两项均不允许税前扣除，故纳税调增用于个人和家庭的支出=600 000+400 000=1 000 000（元）。

⑥ 投资者工资薪金支出：投资者工资薪金支出600 000元不允许税前扣除，故调增投资者工资薪金支出600 000元。

⑦ 允许弥补以前年度亏损=150 000+220 000+350 000+250 000+100 000=1 070 000（元）。

⑧ 企业经营调整后所得额=利润总额（1 206 168.9）+调增利息支出（75 000）+调增业务招待费（8 000）+调整个人所得税税款（15 980）+调整税收滞纳金（5 600）+调增罚金、罚款和被没收财物的损失（40 000）+调增赞助支出（200 000）+调增用于个人和家庭的支出（1 000 000）+调增投资者工资薪金支出（600 000）-弥补以前年度亏损（1 070 000）=

3 150 748.9-1 070 000=2 080 748.9（元）。

（2）王紫薇汇算清缴应纳税额的计算（有综合所得）。

① 允许扣除的投资者减除费用为60 000元。

② 允许扣除的专项扣除=基本养老保险（950×12）+基本医疗保险（200×12）+失业保险（50×12）+公积金（1 200×12）=11 400+2 400+600+14 400=28 800（元）。

③ 允许扣除的专项附加扣除=子女教育（3×1 000×12）=36 000（元）。

④ 准予扣除的个人捐赠支出：通过浙江省人民政府向当地老年服务机构捐赠的200 000元可以全额税前扣除。

⑤ 应纳税所得额=利润分配所得（2 080 748.9×40%）-投资者减除费用（60 000）-专项扣除（28 800）-专项附加扣除（36 000）-准予扣除的个人捐赠支出（200 000）=507 499.56（元）。

⑥ 应补（退）税额=507 499.56×35%-65 500=112 124.85（元）。

（3）杨百合汇算清缴应纳税额的计算（有综合所得）。

① 允许扣除的投资者减除费用为60 000元。

② 允许扣除的专项扣除=基本养老保险（950×12）+基本医疗保险（200×12）+失业保险（50×12）+公积金（1 200×12）=11 400+2 400+600+14 400=28 800（元）。

③ 允许扣除的专项附加扣除=赡养老人（2 000×12）+大病医疗（70 000-15 000）=79 000（元）。

④ 准予扣除的个人捐赠支出。向重庆市人民政府捐赠用于扶贫事业的100 000元可以全额税前扣除。

⑤ 应纳税所得额=利润分配所得（2 080 748.9×30%）-投资者减除费用（60 000）-专项扣除（28 800）-专项附加扣除（79 000）-准予扣除的个人捐赠支出（100 000）=356 424.67（元）。

⑥ 应补（退）税额=356 424.67×30%-40 500=66 427.4（元）。

（4）刘海棠汇算清缴应纳税额的计算（无综合所得）

① 应纳税所得额=利润分配所得（2 080 748.9×30%）=624 224.67（元）。

② 应补（退）税额=624 224.67×35%-65 500=152 978.63（元）。

2. 合伙企业经营所得汇算清缴个人所得税的填报（以王紫薇为例）

（1）选择申报年度。登录系统后依次单击【我要办税】→【经营所得（B表）】，之后选择申报年度，如图5-32和图5-33所示。

（2）录入被投资单位信息。根据案例情景资料，填写被投资单位的统一社会信用代码、名称、类型及税款所属期等信息，如图5-34所示。

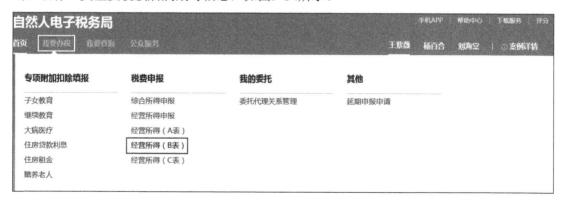

图5-32 选择经营所得（B表）界面

图5-33 选择申报年度界面

图5-34 录入被投资单位信息界面

（3）录入收入成本信息。根据案例情景资料，录入2021年利润表中相关收入、成本费用等信息，如图5-35所示。

图5-35 录入收入成本信息界面

（4）录入纳税调整增加/减少额。根据案例情景资料和相关税法知识计算相关扣除项目限额并进行相应的纳税调整项目填写，如图5-36所示。

图5-36 录入纳税调整增加/减少额界面

（5）录入其他税前减免事项。根据案例情景资料，填写其他税前减免事项及准予扣除的捐赠项目等信息，如图5-37和图5-38所示。

图5-37　录入其他税前减免事项界面

图5-38　录入准予扣除的捐赠项目界面

（6）确认申报信息。根据案例情景资料，核对申报信息，如有错误，可以单击【修改】按钮进行修改。确认无误后单击【提交更正】，如图5-39所示。

图5-39　确认申报信息界面

（7）查询申报表。申报成功后，可以单击【我要查询】中的【申报查询（更正/作废申报）】，如有错误可以单击【经营所得（B）】进行更正或作废，如图5-40所示。

图5-40　查询申报表界面

三、填表说明及注意事项

合伙企业经营所得汇算清缴的填写说明及注意事项与个人独资企业的基本一致，此处不再赘述。

项目六

个人所得税年度综合所得汇算清缴

项目描述

本项目主要讲解个人所得税年度综合所得汇算清缴的业务处理，包括个人的工资薪金、劳务报酬、稿酬等各项所得的汇算清缴工作，重难点在于各类综合所得项目类型的判断、汇算清缴可税前扣除的项目及标准、应纳税所得额的计算等。本项目要求学生熟练掌握综合所得各类项目的扣除和计算标准，能根据实际发生的经济业务，进行年度综合所得汇算清缴应纳税额的计算与申报。

工作任务

图6-1　个人所得税年度综合所得汇算清缴实务处理工作任务

任务　扣缴义务人汇算（集中申报）办理

📖 任务描述

根据杭州百味餐饮有限公司员工2021年1～12月发生的各项所得，在自然人电子税务局（扣缴端）熟练完成个人所得税年度综合所得汇算清缴集中申报表的填报及汇算补（退）税工作。

🔔 技能要求

1. 能熟练登录自然人电子税务局进行集中汇算，熟练使用"单人添加"及"模板导入"等功能进行申报表的填报。

2. 能熟练在自然人电子税务局进行集中汇算申报表的报送、导出、修改、删除、更正及作废等操作。

3. 能熟练在自然人电子税务局进行集中汇算的补（退）税操作。

📖 案例情景

邹婷是杭州百味餐饮有限公司的财务人员，2022年3月20日，杭州百味餐饮有限公司经与员工进行书面委托确认，需要对员工2021年取得的综合所得收入进行综合所得汇算清缴集中申报。首先邹婷需要了解每位员工2021年1~12月取得的综合所得收入情况，了解每位员工2021年的专项附加扣除、商业健康保险及残疾人减征个人所得税等情况，最终进入自然人电子税务局集中汇算模块进行2021年综合所得汇算清缴的申报工作。

（1）居民纳税人王涛，2021年1~12月每月取得工资薪金收入13 500元，每月个人缴付基本养老保险680元，基本医疗保险233元，失业保险68元；住房公积金900元。王涛有一个独生子女在杭州读高二，其本人也是独生子女。2021年6月，王涛的父亲年满61周岁，其母亲2021年12月年满60周岁。赡养老人及子女教育由王涛一人扣除，专项附加扣除每月均有扣除。王涛全年累计预扣预缴个人所得税1 822.8元。假设无其他项目综合所得收入。

（2）居民纳税人曹青，2021年1~12月每月取得工资薪金收入13 000元，每月个人缴付基本养老保险760元，基本医疗保险230元，失业保险45元，住房公积金1 000元。曹青已婚。2019年3月，曹青通过办理"公积金+商业银行贷款"的组合贷购买了首套住房，还款期限为20年，从2019年4月起等额本息还贷15 000元/月，选择由曹青一人全额扣除。专项附加扣除每月均有扣除。全年累计预扣预缴个人所得税3 438元。2021年6月，曹青利用业余时间为红谷实业公司提供业务咨询服务，取得收入6 000元，预扣预缴个人所得税960元。

（3）居民纳税人邹婷，2021年1~11月每月取得工资薪金收入7 500元，12月取得工资薪金收入10 000元，每月个人缴付基本养老保险680元，基本医疗保险260元，失业保险46元，住房公积金850元。邹婷已婚，有一个正在读小学的儿子，子女教育符合法定扣除规定，选择由邹婷一人全额扣除。专项附加扣除在预扣预缴时没有扣除。全年累计预扣预缴个人所得税314.04元。2021年6月，邹婷通过中国教育发展基金会（社会信用代码310Y15907980289）向教育事业捐赠现金200 000元，凭证号1300030510，受赠单位所在省市为浙江省杭州市，预扣预缴时没有扣除。假设无其他项目综合所得收入。

（4）居民纳税人周亚，2021年1~12月每月取得工资薪金收入12 000元，每月个人缴付基本养老保险660元，基本医疗保险240元，失业保险66元，住房公积金800元。周亚单身一人在杭州工作，租房居住，住房租金符合法定扣除条件。2020年周亚考取了浙江大学成人本科，2020年8月入学，2022年7月毕业，专项附加扣除在预扣预缴时没有扣除。全年累计预扣预缴个人所得税3760.8元。另外，周亚于2021年8月取得遗作稿酬20 000元，预扣预缴个人所得税2 240.00元。

（5）居民纳税人刘明于2021年8月底退休，退休前每月工资收入22 000元，每月个人缴付"三险一金"2 000元（其中基本养老保险800元，基本医疗保险200元，失业保险50元，住房公积金950元），退休后领取基本养老金。假设没有专项附加扣除，2021年1~8月已预缴个人所得税9480元，后4个月基本养老金按规定免征个人所得税。假设无其他项目综合所得收入。

（6）居民纳税人张晓，2021年1~12月每月取得工资薪金收入14 000元，每月个人缴付基本养老保险730元，基本医疗保险420元，失业保险86元；住房公积金700元。张晓是家中独子，需赡养68岁父亲及65岁母亲，赡养老人符合法定扣除规定。专项附加扣除每月均有扣除。2020年12月，张晓从中国太平洋保险股份有限公司购买了商业健康保险，全年保险费为3 600元，税优识别码201600100003328201，保险期间为2021年1月1日至2021年12月31日。商业健康保险在预扣预缴时没有扣除，全年累计预扣预缴个人所得税3 556.8元。假设无其他项目综合所得收入。

（7）居民纳税人韩梦是一名残疾人，符合税法规定的减征条件。2021年1～12月韩梦每月取得工资薪金收入12 000元，每月个人缴付"三险一金"2 165元（其中基本养老保险780元，基本医疗保险320元，失业保险65元，住房公积金1 000），每月专项附加扣除3 000元（其中赡养老人扣除2 000元，子女教育扣除1 000元），专项附加扣除在预扣预缴时没有扣除。累计预扣预缴个人所得税3 282元。2020年，韩梦取得合伙企业分配的经营所得200 000元。

韩梦所在省份残疾人减征个人所得税优惠政策规定，残疾人每人每年最多可减征应纳税额6 000元。年度汇算无其他可扣除项目。

资料：员工基础信息（见表6-1）

表6-1　员工基础信息表

姓　　名	性　　别	身 份 证 号	任职受雇从业类型	国籍（地区）
王涛	男	33010219860307××××	雇员	中国
曹青	女	11010119870707××××	雇员	中国
邹婷	女	32010219900804××××	雇员	中国
周亚	男	14010519940307××××	雇员	中国
刘明	男	33010219600806××××	雇员	中国
张晓	男	11010119850307××××	雇员	中国
韩梦	女	35010219910806××××	雇员	中国

一、业务要求和业务要点

（一）业务要求

（1）对王涛等人2021年综合所得汇算清缴各项目金额进行准确计算。

（2）初步完成王涛等人2021年综合所得汇算清缴应纳税额及应补（退）税额的计算。

（3）在自然人电子税务局熟练完成个人年度综合所得汇算清缴集中申报工作。

（4）能够使用自然人电子税务局进行个人年度综合所得汇算清缴集中申报相关信息的修改、删除及查询，包括查询、删除、单个修改或批量修改具体人员的填报信息。

（5）完成个人年度综合所得汇算清缴的集中申报及汇算补（退）税工作。

（二）业务要点

1. 无须办理年度汇算清缴的人员

（1）年度汇算需补税但综合所得收入全年不超过120 000元的。

（2）年度汇算需补税金额不超过400元的。

（3）已预缴税额与年度应纳税额一致或者不申请退税的。

2. 需要办理年度汇算清缴的人员

需要办理年度汇算清缴的纳税人分为两类：一类是预缴税额高于应纳税额，需要申请退税的纳税人，依法申请退税是纳税人的权利；另一类是预缴税额小于应纳税额，应当补税的纳税人，依法补税是纳税人的义务。

二、业务流程和实务操作

（一）业务流程（见图6-2）

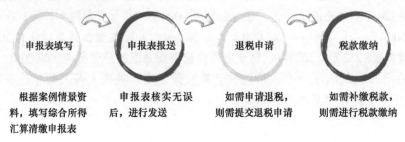

图6-2　个人所得税年度综合所得汇算清缴个人所得税申报流程

（二）实务操作

1. 年度综合所得汇算清缴个人所得税应纳税额的计算

（1）王涛综合所得汇算清缴应纳税额的计算。

① 专项扣除=基本养老保险（680×12）+基本医疗保险（233×12）+失业保险（68×12）+住房公积金（900×12）=22 572（元）。

② 专项附加扣除=子女教育（1 000×12）+赡养老人（2 000×12）=36 000（元）

③ 应纳税所得额=工资薪金（13 500×12）−减除费用（60 000）−专项扣除（22 572）−专项附加扣除（36 000）=43 428（元）。

④ 应补（退）税额=应纳税所得额（43 428）×适用税率（10%）−速算扣除数（2 520）−预扣预缴个人所得税（1 822.8）=0（元）。

（2）曹青综合所得汇算清缴应纳税额的计算。

① 专项扣除=基本养老保险（760×12）+基本医疗保险（230×12）+失业保险（45×12）+住房公积金（1 000×12）=24 420（元）。

② 专项附加扣除=住房贷款利息（1 000×12）=12 000（元）。

③ 应纳税所得额=工资薪金（13 000×12）+劳务报酬[6 000×（1−20%）]−减除费用（60 000）−专项扣除（24 420）−专项附加扣除（12 000）=64 380（元）。

④ 应补（退）税额=应纳税所得额（64 380）×适用税率（10%）−速算扣除数（2 520）−预扣预缴个人所得税（3 438+960）=−480（元）。

（3）邹婷综合所得汇算清缴应纳税额的计算。

① 专项扣除=基本养老保险（680×12）+基本医疗保险（260×12）+失业保险（46×12）+住房公积金（850×12）=22 032（元）。

② 专项附加扣除=子女教育（1 000×12）=12 000（元）。

③ 应纳税所得额=工资薪金（7 500×11+10 000）−减除费用（60 000）−专项扣除（22 032）−专项附加扣除（12 000）−准予扣除的捐赠额（200 000）=−201 532（元）。

④ 应补（退）税额＝应纳税所得额（0）×适用税率（30%）－预扣预缴个人所得税（314.04）=−314.04（元）。

（4）周亚综合所得汇算清缴应纳税额的计算。

① 专项扣除＝基本养老保险（660×12）+基本医疗保险（240×12）+失业保险（66×12）+住房公积金（800×12）=21 192（元）。

② 专项附加扣除＝继续教育（400×12）+住房租金（1 500×12）=22 800（元）。

③ 应纳税所得额＝工资薪金（12 000×12）+稿酬所得[20 000×（1−20%）×（1−30%）]−减除费用（60 000）−专项扣除（21 192）−专项附加扣除（22 800）=51 208（元）。

④ 应补（退）税额 =应纳税所得额（51 208）×适用税率（10%）−速算扣除数（2 520）−预扣预缴个人所得税（3 760.8+2 240）=−3 400（元）。

（5）刘明综合所得汇算清缴应纳税额的计算。

① 专项扣除＝基本养老保险（800×8）+基本医疗保险（200×8）+失业保险（50×8）+住房公积金（950×8）=16 000（元）。

② 应纳税所得额＝工资薪金（22 000×8）− 减除费用（60 000）− 专项扣除（16 000）=100 000（元）。

③ 应补（退）税额＝应纳税所得额（100 000）× 适用税率（10%）− 速算扣除数（2 520）−预扣预缴个人所得税（9 480）= −2 000（元）。

（6）张晓综合所得汇算清缴应纳税额的计算。

① 专项扣除＝基本养老保险（730×12）+ 基本医疗保险（420×12）+ 失业保险（86×12）+住房公积金（700×12）=23 232（元）。

② 专项附加扣除＝赡养老人（2 000×12）=24 000（元）。

③ 应纳税所得额＝工资薪金（14 000×12）− 减除费用（60 000）− 专项扣除（23 232）− 专项附加扣除（24 000）− 商业健康险（2 400）=58 368（元）。

④ 应补（退）税额 =应纳税所得额（58 368）× 适用税率（10%）− 速算扣除数（2 520）−预扣预缴个人所得税（3 556.8）= −240（元）。

（7）韩梦综合所得汇算清缴应纳税额的计算。

① 专项扣除＝基本养老保险（780×12）+基本医疗保险（320×12）+失业保险（65×12）+住房公积金（1 000×12）=25 980（元）。

② 专项附加扣除＝赡养老人（2 000×12）+子女教育（1 000×12）=36 000（元）。

③ 应纳税所得额＝工资薪金（12 000×12）− 减除费用（60 000）− 专项扣除（25 980）−专项附加扣除（36 000）=22 020（元）。

④ 应纳税额＝应纳税所得额（22 020）×适用税率（3%）=660.6（元），由于每年最多可减征应纳税额6 000元，因此可以直接减免660.6元。

⑤ 应补（退）税额 = 应纳税额（660.6）− 减免金额（660.6）− 预扣预缴个人所得税（3 282）=−3 282（元）。

2. 年度综合所得汇算清缴个人所得税的填报

（1）进入自然人电子税务局，选择"报表填报"，依次录入个人综合所得汇算清缴相关信息，如图6-3～图6-9所示。

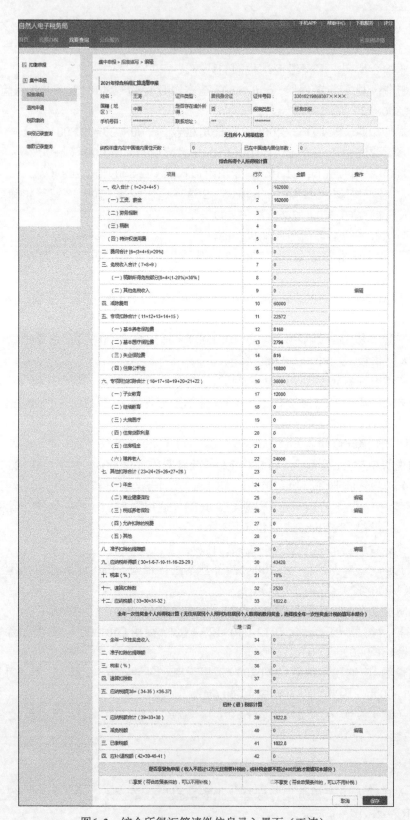

图6-3　综合所得汇算清缴信息录入界面（王涛）

集中申报 > 报表填写 > 编辑

2020年综合所得汇算清缴申报

姓名：	曹青	证件类型：	居民身份证	证件号码：	11010119670707XXXX
国籍（地区）：	中国	是否存在境外所得：	否	报表类型：	标准申报
手机号码：	**********	联系地址：	***		**********

无住所个人附报信息

纳税年度内在中国境内居住天数：	0	已在中国境内居住年数：	0

综合所得个人所得税计算

项目	行次	金额	操作
一、收入合计（1=2+3+4+5）	1	162000	
（一）工资、薪金	2	156000	
（二）劳务报酬	3	6000	
（三）稿酬	4	0	
（四）特许权使用费	5	0	
二、费用合计〔6=(3+4+5)×20%〕	6	1200	
三、免税收入合计（7=8+9）	7	0	
（一）稿酬所得免税部分〔8=4×(1-20%)×30%〕	8	0	
（二）其他免税收入	9	0	填报
四、减除费用	10	60000	
五、专项扣除合计（11=12+13+14+15）	11	24420	
（一）基本养老保险费	12	9120	
（二）基本医疗保险费	13	2760	
（三）失业保险费	14	540	
（四）住房公积金	15	12000	
六、专项附加扣除合计（16=17+18+19+20+21+22）	16	12000	
（一）子女教育	17	0	
（二）继续教育	18	0	
（三）大病医疗	19	0	
（四）住房贷款利息	20	12000	
（五）住房租金	21	0	
（六）赡养老人	22	0	
七、其他扣除合计（23=24+25+26+27+28）	23	0	
（一）年金	24	0	
（二）商业健康保险	25	0	填报
（三）税延养老保险	26	0	填报
（四）允许扣除的税费	27	0	
（五）其他	28	0	
八、准予扣除的捐赠额	29	0	填报
九、应纳税所得额（30=1-6-7-10-11-16-23-29）	30	64380	
十、税率（%）	31	10%	
十一、速算扣除数	32	2520	
十二、应纳税额（33=30×31-32）	33	3918	

全年一次性奖金个人所得税计算（无住所居民个人预判为非居民个人取得的数月奖金，选择按全年一次性奖金计税的填写本部分）

	是　否		
一、全年一次性奖金收入	34	0	
二、准予扣除的捐赠额	35	0	
三、税率（%）	36	0	
四、速算扣除数	37	0	
五、应纳税额〔38=（34-35）×36-37〕	38	0	

应补（退）税款计算

一、应纳税额合计（39=33+38）	39	3918	
二、减免税额	40	0	填报
三、已缴税额	41	4398	
四、应补/退税额（42=39-40-41）	42	-480	

是否享受免申报（收入不超过12万元且需要补税的，或补税金额不超过400元的才需填写本部分）

☐ 享受（符合政策条件的，可以不用补税）　　　☐ 不享受（符合政策条件的，可以不用补税）

* 银行账号：	******************	* 开户银行名称：	************	* 开户银行省份：	***

取消　　保存

图6-4　综合所得汇算清缴信息录入界面（曹青）

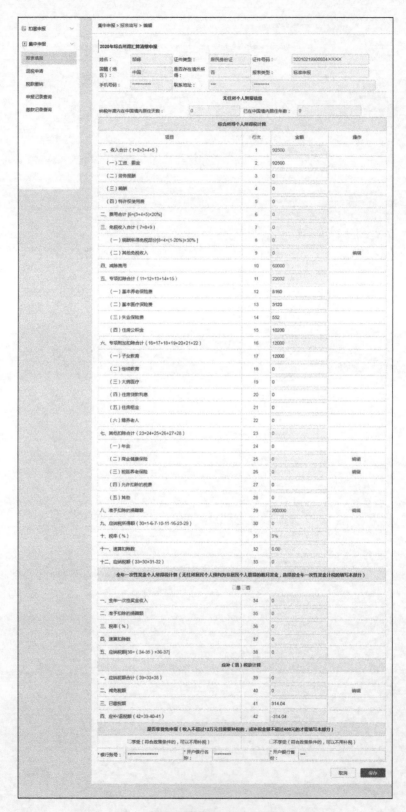

图6-5　综合所得汇算清缴信息录入界面（邹婷）

集中申报 > 报表填写 > 编辑

2020年综合所得汇算清缴申报

姓名	周亚	证件类型	居民身份证	证件号码	1401051994 0307XXXX
国籍（地区）：	中国	是否存在境外所得	否	申报类型	标准申报
手机号码	*****	联系地址	***		

无住所个人附报信息

| 纳税年度内在中国境内居住天数： | 0 | 已在中国境内居住年数： | 0 |

综合所得个人所得税计算

项目	行次	金额	操作
一、收入合计（1=2+3+4+5）	1	164000	
（一）工资、薪金	2	144000	
（二）劳务报酬	3	0	
（三）稿酬	4	20000	
（四）特许权使用费	5	0	
二、费用合计［6=(3+4+5)×20%］	6	4000	
三、免税收入合计（7=8+9）	7	4800	
（一）稿酬所得免税部分［8=4×(1-20%)×30%］	8	4800	
（二）其他免税收入	9	0	编辑
四、减除费用	10	60000	
五、专项扣除合计（11=12+13+14+15）	11	21192	
（一）基本养老保险费	12	7920	
（二）基本医疗保险费	13	2880	
（三）失业保险费	14	792	
（四）住房公积金	15	9600	
六、专项附加扣除合计（16=17+18+19+20+21+22）	16	22800	
（一）子女教育	17	0	
（二）继续教育	18	4800	
（三）大病医疗	19	0	
（四）住房贷款利息	20	0	
（五）住房租金	21	18000	
（六）赡养老人	22	0	
七、其他扣除合计（23=24+25+26+27+28）	23	0	
（一）年金	24	0	
（二）商业健康保险	25	0	编辑
（三）税延养老保险	26	0	编辑
（四）允许扣除的税费	27	0	
（五）其他	28	0	
八、准予扣除的捐赠额	29	0	编辑
九、应纳税所得额（30=1-6-7-10-11-16-23-29）	30	51208	
十、税率（%）	31	10%	
十一、速算扣除数	32	2520	
十二、应纳税额（33=30×31-32）	33	2600.8	

全年一次性奖金个人所得税计算（无住所居民个人预判为非居民个人取得的数月奖金，选择按全年一次性奖金计税的填写本部分）

	是	否
一、全年一次性奖金收入	34	0
二、准予扣除的捐赠额	35	0
三、税率（%）	36	0
四、速算扣除数	37	0
五、应纳税额［38=（34-35）×36-37］	38	0

应补（退）税额计算

一、应纳税额合计（39=33+38）	39	2600.8	
二、减免税额	40	0	编辑
三、已缴税额	41	6000.8	
四、应补/退税额（42=39-40-41）	42	-3400	

是否享受免申报（收入不超过12万元且需要补税的，或补税金额不超过400元的才填写本部分）

□ 享受（符合政策条件的，可以不用补税）　　□ 不享受（符合政策条件的，可以不用补税）

| ＊银行账号 | ***************** | ＊开户银行名称： | ********** | ＊开户银行省份 | *** |

取消　　保存

图6-6　综合所得汇算清缴信息录入界面（周亚）

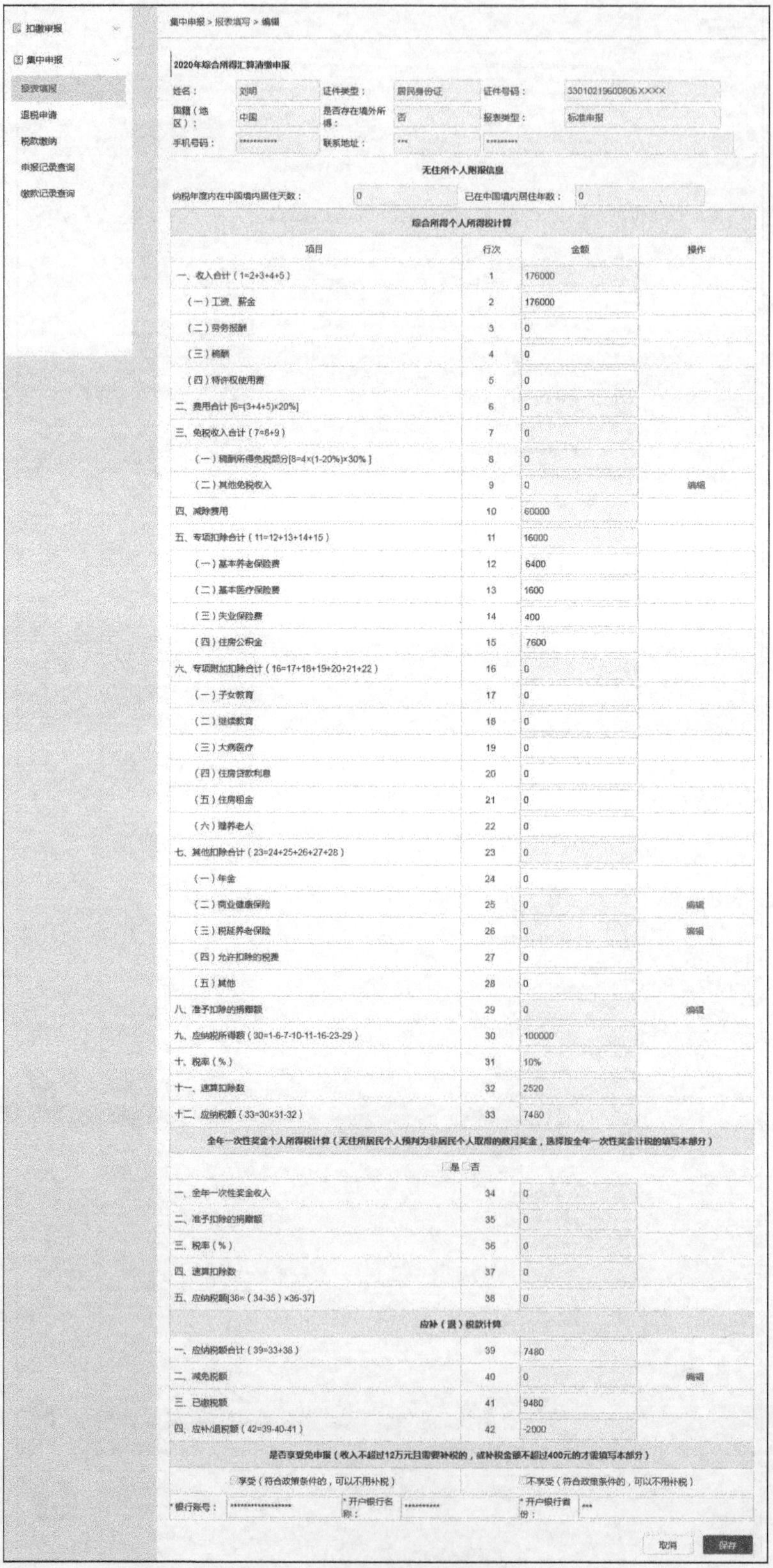

扣缴申报
集中申报
报表填报
退税申请
税款缴纳
申报记录查询
缴款记录查询

集中申报 > 报表填写 > 编辑

2020年综合所得汇算清缴申报

姓名：	刘明	证件类型：	居民身份证	证件号码：	33010219600806XXXX
国籍（地区）：	中国	是否存在境外所得：	否	报表类型：	标准申报
手机号码：	***********	联系地址：	***	*********	

无住所个人附报信息

纳税年度内在中国境内居住天数：0　已在中国境内居住年数：0

综合所得个人所得税计算

项目	行次	金额	操作
一、收入合计（1=2+3+4+5）	1	176000	
（一）工资、薪金	2	176000	
（二）劳务报酬	3	0	
（三）稿酬	4	0	
（四）特许权使用费	5	0	
二、费用合计[6=(3+4+5)×20%]	6	0	
三、免税收入合计（7=8+9）	7	0	
（一）稿酬所得免税部分[8=4×(1-20%)×30%]	8	0	
（二）其他免税收入	9	0	编辑
四、减除费用	10	60000	
五、专项扣除合计（11=12+13+14+15）	11	16000	
（一）基本养老保险费	12	6400	
（二）基本医疗保险费	13	1600	
（三）失业保险费	14	400	
（四）住房公积金	15	7600	
六、专项附加扣除合计（16=17+18+19+20+21+22）	16	0	
（一）子女教育	17	0	
（二）继续教育	18	0	
（三）大病医疗	19	0	
（四）住房贷款利息	20	0	
（五）住房租金	21	0	
（六）赡养老人	22	0	
七、其他扣除合计（23=24+25+26+27+28）	23	0	
（一）年金	24	0	
（二）商业健康保险	25	0	编辑
（三）税延养老保险	26	0	编辑
（四）允许扣除的税费	27	0	
（五）其他	28	0	
八、准予扣除的捐赠额	29	0	编辑
九、应纳税所得额（30=1-6-7-10-11-16-23-29）	30	100000	
十、税率（%）	31	10%	
十一、速算扣除数	32	2520	
十二、应纳税额（33=30×31-32）	33	7480	
全年一次性奖金个人所得税计算（无住所居民个人预判为非居民个人取得的数月奖金，选择按全年一次性奖金计税的填写本部分）			
□是□否			
一、全年一次性奖金收入	34	0	
二、准予扣除的捐赠额	35	0	
三、税率（%）	36	0	
四、速算扣除数	37	0	
五、应纳税额[38=（34-35）×36-37]	38	0	
应补（退）税款计算			
一、应纳税额合计（39=33+38）	39	7480	
二、减免税额	40	0	编辑
三、已缴税额	41	9480	
四、应补/退税额（42=39-40-41）	42	-2000	

是否享受免申报（收入不超过12万元且需要补税的，或补税金额不超过400元的才需填写本部分）

□享受（符合政策条件的，可以不用补税）　□不享受（符合政策条件的，可以不用补税）

*银行账号：****************　*开户银行名称：**********　*开户银行省份：***

取消　保存

图6-7　综合所得汇算清缴信息录入界面（刘明）

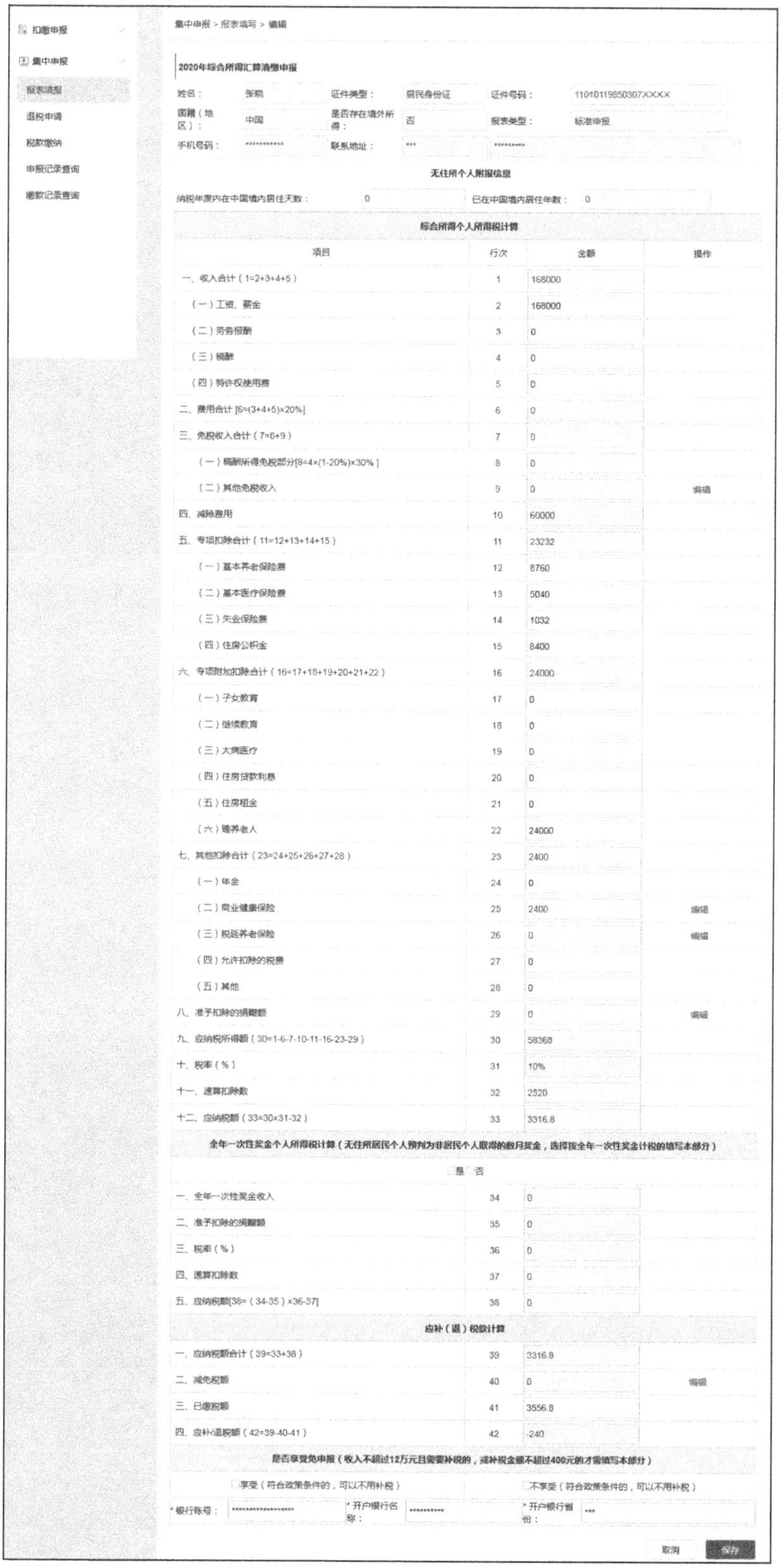

图6-8 综合所得汇算清缴信息录入界面（张晓）

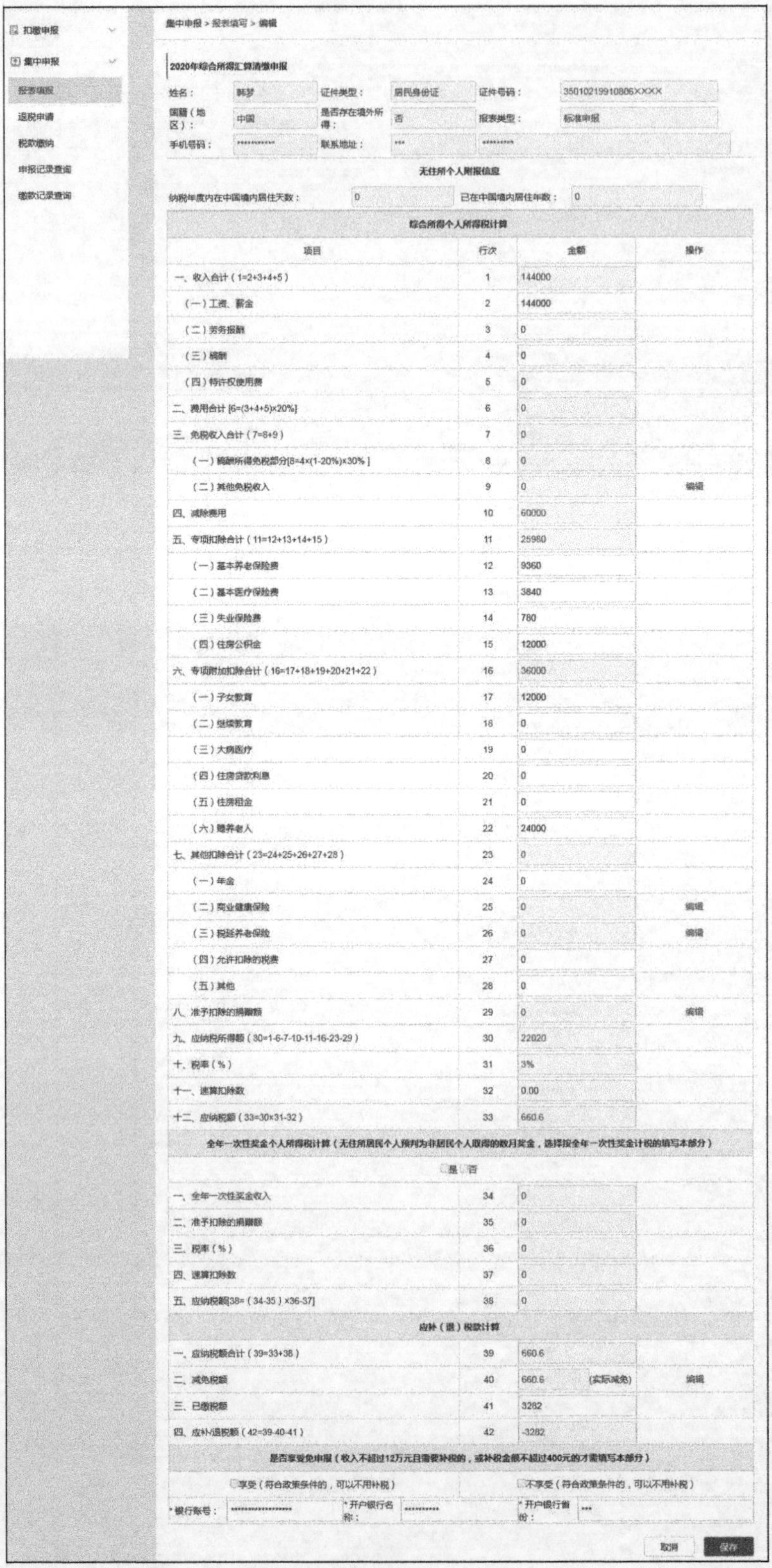

图6-9　综合所得汇算清缴信息录入界面（韩梦）

（2）审核并进行申报表报送。审核填报信息，如果准确无误，则单击【发送申报】按钮，然后获取反馈，完成申报，如图6-10所示。若有错误可通过【更正申报】进行处理，若已获取反馈则需进行申报作废操作。

图6-10　申报表报送界面

（3）退税申请。勾选需要退税的人员，单击【申请退税】，若退税状态显示"退税中"则完成退税申请，如图6-11所示。

图6-11　退税申请界面

（4）税款缴纳。申报成功后，单击【税款缴纳】，勾选需要缴纳税款的人员，单击【立即缴纳】，缴税状态为"缴款成功"则完成税款缴纳，如图6-12所示。

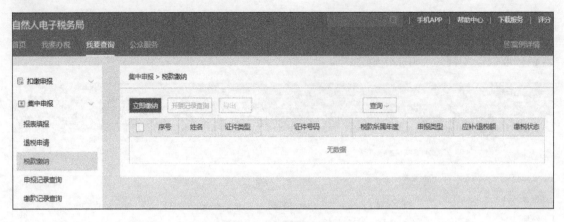

图6-12　税款缴纳界面

三、填表说明及注意事项

（一）填表说明

（1）"商业健康保险""准予扣除的捐赠额""减免税额"只能填写附表后带入主表，不可直接在主表中进行填写。

（2）申报表报送成功后，符合免于申报条件（综合所得收入小于等于120 000元或应补税额小于等于400元）的纳税人，无须缴款，申报流程完成。

（3）"应补/退税额"为负数的，在申报表填写时必须完整填写纳税人本人的银行账户信息。申报表报送成功后，可以为该类纳税人集中办理退税申请。

（二）注意事项

《个人所得税法》第四条第七款规定：按照国家统一规定发给干部、职工的安家费、退职费、基本养老金或者退休费、离休费、离休生活补助费免征个人所得税。